Begegnung auf Augenhöhe

Von wegen Berge!

Sie werden assimiliert werden

Åba des passd scho

Herzlich willkommen in Oberbayern, liebe Zugereiste und Zuagroaste! Dieser Herzug war eine gute Wahl – so er denn, was ich hoffe, eine war. Wenn es notgedrungen geschah: Keine Sorge – das wird schon. Aber gleich vorweg ganz unbayerisch ein Schock: Sie müssen sich schon jetzt auf etwas gefasst machen. Denn Oberbayern ist die Steigerung von Bayern, seine Essenz. Das erkannte zwar nicht ich, sondern Edmund Stoiber, aber hier fand er mal klare Worte. Und gegen die Essenz des Bayerischen kann man sich nicht mehr wehren. Warum sollte man auch? Also gewöhnen Sie sich bitte schon einmal an den Gedanken: Sie werden assimiliert werden. Und wenn Sie noch nie im Leben OberbayerIn waren, wird es ein langer Weg. Aber versuchen sollten Sie es in jedem Fall! Denn gerade der nachwachsenden Generation will man doch den Weg erleichtern und sie nicht mit falschen Klischees auf einen Irrweg lenken – und ihnen z. B. aus falsch verstandener Bajuwarentreue jeden Morgen ein Weißbier zum Frühstück auftischen.

Schritt 1: Zurechtkommen Damit Sie bald mitreden können und nicht unangenehm auffallen, damit die Eingewöhnungsphase also reibungslos verläuft, schlage ich für die Assimilation drei Schritte vor: erstens das Zurechtkommen. Dies ist gewissermaßen erst einmal die Leidensphase. Man muss Sachen lernen, die einem fremd sind; man muss sich orientieren. Was ist wo? Man muss vielleicht auch ein paar falsche Informationen und Vorurteile aus der Welt schaffen. Das möchte ich versuchen (Kapitel 6 bis 30).

Schritt 2: Genießen Sodann folgt die zweite Stufe: das Genießen. Jetzt geht es schon etwas besser. Man kann sich frei bewegen und die Orte aufsuchen, wo einem Oberbayerisches in besonders schmackhafter, authentischer oder interessanter Weise entgegenschlägt: in Bräuchen, auf traditionellen Festen, in Museen, in der Natur und Kultur. Hier sollen ein paar genauere Informationen für Fortgeschrittene nicht fehlen. Das ist die Spaßphase. Alles wie beim Autofahren-Lernen: Nach erstem Schock und Nervenkitzel geht es immer besser, und man macht rasche Fortschritte (Kapitel 31 bis 74).

Beispiel eines misslungenen Assimilationsversuchs. Diesem Herrn könnte eine Beratung im Trachteninformationszentrum in Benediktbeuern helfen.

Schritt 3: Kür Schließlich endet die Assimilation in der Kür: zum Oberbayern werden. Nun geht es ans Eingemachte. Nun sollen letzte Brücken überschritten werden und letzte Schranken fallen. Dass es einige schon vor uns geschafft haben, soll Mut machen, denn viele kamen, blieben und haben das Land, seine Kultur und Geschichte so nachhaltig geprägt, dass es ohne sie nicht mehr denkbar wäre (Kapitel 75 bis 101).

Für diese drei Schritte lade ich Sie ein, mir in diesem kleinen Band zu folgen – oder nach Lust und Laune darin herumzuspringen. Zum Einstieg möchte ich kurz auf die vier wichtigsten Fragen antworten, die uns das Leben stellt: Was kann ich wissen? Was darf ich hoffen? Was soll ich tun? Was ist der Mensch? – alles natürlich im Bezug auf Oberbayern.

In diesem Sinne nochmals herzlich willkommen in Oberbayern und in diesem kleinen Buch.

Jens Berger
Ha Noi, im Dezember 2019

1 Was kann ich wissen?
Oft zu viel vom Falschen

Für Urlauber und kurzentschlossene Etappisten gibt es eine unerschöpfliche Fülle an Reisetipps, auch zu entlegensten Spezialthemen: mit dem Elektrorad auf Shoppingtour zu den allerschönsten Outlets, bayerisches Bieryoga (kein Witz!), die 743 wichtigsten Regeln für Oktoberfest-Ersttäter usw. Es gibt wahrlich reichlich Lektüre für jeden Tonfall und Geldbeutel, mit vielen und wenigen Seiten, zurückhaltend oder reich illustriert. Aber das ist ja alles nur für Touristen, also Anfänger und Pseudo-Zugereiste. Die fahren nach ein paar Tagen oder Wochen wieder nach Hause. Pardon, hier sagt man natürlich: »Die fahren heim.« Gleich auch sprachlich etwas lernen: Man ist im Bairischen nicht zu Hause, sondern daheim (dahoam). Und hier begegnet uns auch gleich die erste von mehreren wichtigen oberbayerischen Lebensweisheiten, die alle demselben Schema entsprechen. Es sind Tautologien, also selbstbestätigende Sätze. Einer lautet: »Dahoam is dahoam.« Dem ist nicht zu widersprechen. Und als Zuagroaste, also Zugereiste, bleiben Sie ja wohl auch erst mal hier – oder Sie haben das zumindest vor.

Wappnen Sie sich mit Infos! Was kann ich als Zugereister denn nun wissen über Oberbayern? Warum muss ich überhaupt etwas wissen? Kann ich nicht einfach mit gutem Willen drauflosgehen? Na ja, das geht natürlich schon. Aber wundern Sie sich nicht, wenn Ihnen niemand auf die Frage »He, Sie, Meister, wo jeht's 'n hier uff de Zuchspitze?« mit hilfreichen und noch dazu verständlichen Wegetipps antwortet. Wahrscheinlicher ist, dass man Sie nach gespielt freundlichem Gruß in die völlig falsche Richtung schickt. Hier wäre Wissen hilfreich gewesen. Denn Wissen ist Macht – Macht über den eigenen Alltag. So kann man verstehen, handeln, kein Opfer des (nur vermeintlich!) preußenfeindlichen Oberbayern mehr sein. Tatsächlich wurden Sie nämlich nur falsch verstanden.

Dieses Buch ist also therapeutisch gemeint und versteht sich nicht als Reiseführer, sondern als Ratgeber und Lebenshilfe. Nutzen Sie bitte das bisschen Wissen, das ich mir selbst in meinen letzten zehn Jahren des Zuagroastn-Daseins mit Mühe angeeignet habe. Das spart Zeit. Vieles hätte ich

Angewandtes Wissen: An der Uhrzeit sieht man, dass Winter sein muss.

gern früher verstanden. Denn der Kluge nutzt sein erworbenes Wissen und interpretiert geschickt (s. Bild).

Und wer schon alles weiß, weil er oder sie schon immer oder seit langer Zeit Oberbayer und nicht mehr Zuagroaster ist, dem lege ich diese kleine Schrift umso nachdrücklicher ans Herz. Denn dann versteht er vielleicht etwas besser, wie es uns Hergeworfenen erging und ergeht.

2 Was darf ich hoffen?
Auf kurze Frist

Was dürfen Sie sich nun von den folgenden knapp 190 Seiten erhoffen? Da ich selbst einst vor zehn Jahren aus dem Südbadischen nach Oberbayern zugereist bin und nach wie vor daran arbeite, mich irgendwann nicht mehr als Zugereister zu fühlen, möchte ich Ihnen mit meinen eigenen guten und schlechten Erfahrungen, meiner subjektiven Sicht und halbwegs objektiven Recherche ein kleines Bündel an die Hand geben, das Ihnen helfen soll, vielleicht irgendwann in ferner Zukunft auch Oberbayern Heimatgefühle abzugewinnen. Denn »Heimat ist kein Ort, Heimat ist ein Gefühl.« Das sagt kein Oberbayer, sondern Herbert Grönemeyer. Das mit dem Gefühl kann im Idealfall schnell gehen. Auf eine längere Frist bereitet uns der Ostpreuße Johann Gottfried Herder vor: »Heimat ist da, wo man sich nicht erklären muss.« Er muss es wissen, er kam viel rum. Es hängt also nicht nur von uns Zugereisten ab, ob wir heimisch werden. Der Niederbayer Ottfried Fischer wird ganz pragmatisch: »Heimat ist da, wo einem die Todesanzeigen etwas sagen.«

Was von diesen Seiten zu hoffen ist Ich möchte hier keinen Reiseführer schreiben, sondern einen kleinen Beipackzettel für all jene, die auf kurz oder lang erstmal hierbleiben – oder zumindest mit dem Gedanken spielen. Ich wende mich also nicht an den Touristen, oder höchstens an den, der zwar Oberbayern bereist, aber nicht als Tourist erkannt werden möchte. Zuagroaster h.c. könnten wir ihn nennen. Für Touritipps gibt es unzählige, jährlich aktualisierte Reiseführer vieler Verlage. Ich möchte mich mit diesem Büchlein an jene wenden, die erst einmal bleiben – oder das zumindest wollen, die ohnehin schon einen Reiseführer zum Herzug geschenkt bekommen oder die Ortsleihfristen bis an den Anschlag ausgereizt haben. Es geht mir nicht in erster Linie um Information, sondern um Erleichterung. Dazu muss ich ein paar Zähne ziehen, ein paar Hoffnungen begraben, aber auch neue schaffen. Ohne das eine oder andere Detailwissen geht es nicht, denn erst darauf kann ich meine weit hergeholten Mutmaßungen und Vorurteile aufbauen. Ich werde dazu hin und wieder weder Allgemeines zu Bayern noch Spezifisches zu München verschweigen können. Will ich auch gar nicht. Denn Oberbayern ist für das Bayern beispielhaft – und München wiederum für Oberbayern. Hier und da habe ich zudem ein paar wenige Literaturtipps eingestreut – wenn ich das Gefühl hatte, dass sich etwas aus der Fülle ähnlicher Veröffentlichungen erfreulich heraushebt.

Auf lange Frist Was dürfen Sie also auf lange Frist hoffen? Nun, ich will mich nicht allzu sehr aus dem Fenster lehnen, aber ich behaupte: Andere Regionen mögen für Touristen nicht so attraktiv wie Oberbayern sein, machen jedoch das Einleben leichter. Das kann hier schon mal etwas dauern. Verzagen Sie aber nicht, wenn im ersten Jahr der Eindruck entstehen mag, dass es nix mehr werden wird mit Assimilation und Akzeptanz! Eine der großen Stärken Oberbayerns und seiner Menschen liegt nämlich darin, dass sie – ganz gegen das übliche Vorurteil – mit ihren Stärken hinterm Berg halten. Es gibt also auf Dauer viel zu entdecken und zu verstehen. Und dem wachsenden Heimatgefühl eröffnen sich immer neue Angriffspunkte. Auch nach zehn Jahren noch.

Neue Heimat?

3 Was soll ich tun?

Vertrauensvoll zweifeln

Erst mal natürlich kritisch zuhören. Glauben Sie mir nicht alles! Auch Sie sind als Zuagroaster jetzt Teil von Oberbayern. Vielleicht verstehen Sie Land und Leute ja viel besser, als ich es tue. Wenn Sie aber meinen Vorschlägen etwas abgewinnen können und ich Ihnen den Einstieg etwas erleichtere, freue ich mich. Und falls Sie dann überhaupt ein bisschen lieber hier sind, freue ich mich umso mehr.

Münchner Trinkwasserbrunnen »Brunnenbuberl« von Mathias Gasteiger

In der Bergkirche kann man für zu viel Bergbier büßen.

Keine Angst haben Damit wir aber überhaupt über Oberbayern reden können, müssen erst eventuelle Ängste abgebaut werden, und zwar ganz konkret vor folgenden Begriffen und beliebigen Verbindungen daraus: Barock, Kloster, Wasser, König, Bier, Kirche, Mythos, Wirtshaus, Berg. Um diese kommen wir nicht herum. Ohne sie ist Oberbayern nicht denk- und verhandelbar. Denn eines kann ich Ihnen versichern: Das Leben macht einfach mehr Spaß, wenn man sich ohne Angst kopfüber in die neue Kultur stürzt. Machen Sie im Urlaub doch auch, oder? Plötzlich eröffnet sich ein Feld, von dem man vorher nichts ahnte. Aber Obacht! Jetzt nicht gleich in die nächste Wirtschaft rennen, ein kleines Pils bestellen und nach dem verputzten Schnitzel den Wirt mit »War voll lecker« loben! So meine ich das eben nicht! Wie so oft zählen Vorbereitung und Achtsamkeit beim ersten »Feindkontakt«.

Mut zur Lücke beweisen Aber woher soll ich denn wissen, was wichtig ist und was nicht? Ganz einfach: Die längeren Kapitel sind wahrscheinlich die wichtigeren. Überspringen Sie also gerne dies und jenes! Zur wirksamen und schmerzarmen Assimilation empfehle ich dennoch, das Buch nicht in völlig willkürlicher Reihenfolge zu konsumieren, sondern zumindest grob die drei Stufen der Assimilation einzuhalten: 1. zurechtkommen, 2. genießen, 3. zum Oberbayern werden.

Das Bergbier kombiniert zwei der wichtigsten Dinge Oberbayerns.

4 Was ist der Mensch?

Der Mythos (des) Oberbayern

In der bildenden Kunst und Karikatur wird »der Bayer« schon lange typischerweise grobschlächtig dargestellt. Der ansonsten lesenswerte Österreicher Heimito von Doderer, dessen Mutter aus München stammte, hat selbst in den 1930ern hier gelebt; er fällte trotzdem ein klares Physiognomieurteil: »Die Bayerische Bevölkerung zerfällt in zwei Teile, einen kleineren und einen weitaus größeren. Den ersten bilden die, welche von Beruf Metzger sind. Den zweiten jene, die nur so aussehen.« Der Alte Fritz sah hier gar »das irdische Paradies, von Tieren bewohnt«. Drehen wir den Spieß um: Man kann sich hier sauwohl fühlen. Ich möchte Ihnen ja den Einstieg erleichtern. Denn eines ist sicher: Widerstand ist zwecklos – zumindest für Zuagroaste.

Wie der Name schon sagt, ist Oberbayern noch mehr als Bayern. Ober-Bayern ist bayerischer als Bayern, Bayern par excellence sozusagen. Es ist nicht nur bayerischer als Bayern, überhaupt alles ist hier »ober«, super, ist noch größer und schöner, das Wasser ist klarer, die Berge sind höher, die Menschen authentischer und dabei bayerischer, als es der Herrgott erlaubt. So will es das Klischee. Oberbayern ist quasi die HDR-Version von Bayern. Die Klischees und auch die Nachfrage nach deren Bedienung sind so stark, dass eine natürlich gelebte Tradition mittlerweile mitunter etwas Verkrampftes annimmt. Haben doch tausendmal mehr Menschen vornehmlich oberbayerische Tracht als Wiesn-Verkleidung getragen als von ihren Eltern in die Wiege gelegt bekommen.

Welt wird aus Sprache geschaffen Darin ist man in Oberbayern groß. Wohl kaum irgendwo sonst gelingt es den Menschen, sich selbst eine Sache, einen Ort oder eine Bierspezialität als »Beste der Welt« einzureden. Sie wird es dann auch. Denn sie ist es ja auch. Stimmt doch, oder? Wir machen uns die Welt, wie sie uns gefällt. Ludwig Wittgenstein, der Bruder des einarmigen Pianisten Paul Wittgenstein, sagte: »Die Welt ist alles, was der Fall ist.« In Oberbayern ist der Mythos Fall und hat Macht. Die andere Seite der Medaille: Auch die Hybris scheint nirgendwo so zu Hause wie in Oberbayern.

Korrekte Tracht – so einfach kann es gehen.

Nach außen Fensterln und raufen, wildern und saufen. Klingt schon mal gut. Auch das Dazugehörenwollen ist hier stärker als anderswo. Nicht erst seit der oberbayerische Mythos über Amerika in die Welt getragen wurde und teilweise den Typus des Deutschen an sich verkörpert: Lederhose, Bierstein, Jodeln (gibt es auch im Harz). Am oberbayerischen Wesen soll die Welt genesen. Ganz falsch scheint es nicht zu sein, hat doch das oberbayerische Bild nachhaltig für einen guten Ruf Deutschlands in aller Welt gesorgt. Und gerade in den letzten Jahren haben der weltweite Siegeszug des Oktoberfestes und die Expansion der Augustiner-Bräu-Gaststätten dazu beigetragen. Dass in Amerika Deutschland vor allem als Oberbayern gedacht wird, liegt übrigens nicht erst an den hier nach dem Zweiten Weltkrieg stationierten US-Soldaten, die mutmaßlich dieses Landschafts- und Brauchtumsbild in ihre Heimat trugen. Schon im 19. Jahrhundert wurden Jodler-Ensembles und das Schlierseer Bauerntheater in den USA auf Gastspieltourneen bejubelt.

Nach innen Es gibt kaum eine Gegend (vielleicht noch Köln), in der die Menschen so oft über sich selbst reden. »Mia san mia.« »So samma hoid.« Das ist klug. Statt unter den Stereotypen zu leiden, mit denen sie die Außenwelt belegt (»Die Bayern mal wieder!« »So sind die halt.«), drehen wir auch hier den Spieß um und nutzen die Sache aus! Nehmen wir also die Stereotypen an (»Mia san hoid mia.«)! Das stärkt den Gruppenzusammenhalt und ist ein hervorragendes Mittel zur Linderung von Assimilationsbeschwerden.

Waren es einst die Wittelsbacher, die mit dem Aufstieg ihres Herzogtums zum Königreich auch eine eigene, geschlossene bayerische Identität prägen wollten, so ist heute der Bayerische Rundfunk maßgeblich für den Bayernmythos verantwortlich. Wenn Sie in die oberbayerische Seele eintauchen wollen, vertrauen Sie aber nicht auf jenes dumpfe Humtata und die Spezlwirtschaft, wie sie in familienfreundlichen Vorabendserien mit Bergsichtweite vorgeführt werden. Ein richtiges Boarisch lernen Sie hier sowieso nicht.

Und was dieses kleine Buch betrifft, seien Sie gewarnt: Hier und da werde ich persönlich. Denn ich kann und muss als Zugereister aus eigener Erfahrung sprechen. Volkscharaktervermutungen sind daher Arbeitshypothesen ohne Anspruch auf Stichhaltigkeit. Lassen Sie sich aber bitte inspirieren – und sei es nur zum herzhaften Widerspruch! Wie sollte es auch anders sein? Jeder macht andere Erfahrungen, jede und jeder erlebt die Welt anders. Nur nicht Oberbayern. Da wird man sich immer einiger. Ist doch kaum eine Region so belegt und belastet mit Vorurteilen, Klischees. Denn es sind sympathische Klischees: Spaß an der Freud, Freude am Schönen, Lust an der Selbstinszenierung, Lust auch am Kombinieren und an den Kontrasten. Das Schlagwort von »Laptop und Lederhose« ist nicht so falsch. In der Praxis kommt die Kombination trotzdem selten vor, will man doch das wertvolle, sämisch gegerbte und fein bestickte Hirschleder nicht mit der Abfuhrwärme heiß laufender Notebookprozessoren und -akkus quälen.

Ankommen, aber wo?

Sich zurechtfinden in Oberbayern

Wo sind Sie denn hier gelandet? Vielleicht lohnt erstmal ein Überblick. Es ist nämlich weit von Beilngries im Norden bis Mittenwald im Süden, von Marktschellenberg im Osten bis Bernbeuren im Westen. Oberbayern ist zwar nur einer von sieben Bezirken Bayerns, ist aber größer, als man meint. Es hat mehr Fläche als Thüringen oder Schleswig-Holstein und mehr Einwohner als Rheinland-Pfalz oder Sachsen. Mit

Wo sind wir denn hier gelandet? Könnte Oberbayern sein.

Niederbayern und der Oberpfalz bildet es Altbayern, zu dem auch ein winziger Teil im Bezirk Schwaben zählt; dort fühlen sich die Einwohner als Bayern und bezeichnen sich undankbarerweise als Zwangsschwaben.

Unter den Altbayern wird Niederbayern als noch urtümlich-bayerischer ins Feld geführt. Aber was wissen die schon?! Sagen wir darum lieber: Oberbayern das Herz Bayerns, denn von hier kamen die Wittelsbacher, genauer gesagt aus Bayrischzell und Scheyern. Dabei ist es als Gebilde noch gar nicht so alt. Zwischen 1255 und 1505 gab es zwar schon einmal ein selbstständiges »Herzogtum Oberbayern«, das allerdings mit dem heutigen Bezirk nichts zu tun hat. Als Bayern 1806 Königreich wurde, teilte man es neu ein und auf. Flüsse dienten der Orientierung; so erfand man den Isarkreis, der

1837 schließlich zu Oberbayern anschwoll. Das Werdenfelser Land ganz im Süden kam erst spät zu Bayern. Man spricht dort auch nicht das typische Bairisch Oberbayerns, sondern Tirolerisch. Und erst 1972 gelangte der Landkreis Eichstätt vollständig zu Oberbayern. Zuvor hatte man nicht deutlich genug erkannt, dass auch hier Bairisch gesprochen wird.

Schuf einst Oberbayern: die Isar

6 Der Zugereiste ist noch kein Zugezogener

Vom Fremdeln

Bitte klären Sie eingangs noch einen wichtigen Sachverhalt: Handelt es sich bei Ihnen überhaupt um eine oder einen Zuagroastn (oder Zuagroasdn, je nachdem in welcher Ecke Oberbayerns Sie nun leben)? Touristen, Kurzzeitbesucher und solche, die zur Arbeit nach Oberbayern pendeln, sind keine Zugereisten. Vielleicht sind Sie ja auch – und das würde die Sache wesentlich erleichtern – ein/e Zuazogne/r? Ziehen Sie nämlich aus einer anderen bayrischen Gegend nach Oberbayern, so gilt das noch nicht als zugereist.

Wo liegen die Grenzen? Fraglich ist jetzt nur, was alles als bayerische Gegend gilt. Im Zweifel hält man sich eher an die Grenzen der Sprachwissenschaftler als an jene der Staatsrechtler. Der Tolerante zählt Österreich und sogar Teile Südtirols dazu, also alle Landstriche, in denen ein bairischer Dialekt gesprochen wird (zum verwirrenden Unterschied zwischen bayrisch, bayerisch und bairisch siehe Kapitel 18).

Fremd sein – wer entscheidet das? Ein Zuagroaster/Zugereister ist nämlich jemand, der eine Reise auf sich genommen hat. Und wer eine Reise macht, der begibt sich in die Fremde. Der somit bereisten Gegend ist er also fremd. Hier kommen wir zu einem hübschen Unterschied, den der Philosoph Bernhard Waldenfels macht. Dass der Zugereiste ein Fremder ist, ist nicht seine eigene Eigenschaft, sondern ein Problem des durch ihn nun befremdeten Einheimischen. Der Fremde ist nicht an sich fremd, sondern dem Oberbayern fremd. Erst dessen Wahrnehmung entscheidet. Dem Oberbayern ist aber in seiner ausgesprochen welt- und realitätsoffenen Haltung schon einmal gar nichts fremd. »Dås dees amoi klår is!« Selbst die Bayern sind Zugereiste im eigenen Land. Man erinnert sich noch kollektiv an die schwere Zeit, als man irgendwann, als alles wanderte, aus dem Böhmischen kommend, den Bayrischen Wald, der damals wahrscheinlich noch gar nicht so hieß, überschritt und die schöne Gegend zwischen Donau und Alpen vor sich hatte. Störende Römer und Kelten gab es nicht mehr viele, dafür frisches Wasser und gute Luft. Man rodete Wälder und schlug an ihrer Stelle Wurzeln. Seitdem ist alles Stand- und Sesshafte hier positiv besetzt. Selbst die Volkstracht gemahnt mit ihren belastbaren Materialien (Filz, Leder, Horn) ans Holzhacken und mit der Form der Haferlschuhe an Waldarbeit in Hangnähe. Der zuagroaste Bajuware ist ein hiesiger geworden.

Doch das heißt auch, dass Oberbayern schon immer ein Land der Zugereisten und Zuwanderer war. Da ist es dann auch nicht mehr so wesentlich, ob die Bajuwaren nun ein einziger Stamm waren oder gleich eine Mischung aus mehreren, wie manche Forscher vermu-

Schön hiergeblieben! Anblicke wie dieser bewahrten die ersten Bajuwaren vor weiteren Schritten über die Alpen.

ten. Warum ist es aber so wichtig, den Neuankömmlingen aus der fremden Ferne diesen Stempel aufzudrücken? Der Status des Zugereisten wird verliehen, damit dieser nun bewusster seine Assimilationsprobleme in den Griff bekommen kann. Dies ist nicht das letzte Paradoxon, das uns in Oberbayern begegnen wird (siehe Kapitel 29). Im Gegenzug kann man – aus dem kläglichen Rest Deutschlands herziehend – wohl kaum eine deutsche Region so sehr als »fremdartiges Ausland« wahrnehmen wie Oberbayern. Hier ist so viel wirklich anders. Wiesbaden und Wismar liegen räumlich weit auseinander, dürften sich aber in Bezug auf Oberbayern auf derselben Seite einer Grenze fühlen.

Tipp
Wollen Sie mal sehen, welchen Inneneinrichtungsstil die alten Bajuwaren pflegten, als sie hier ankamen? Dann besuchen Sie in Waging am See das »Baiuvarenhaus«! (Info: www.kulturverein-waging.de/baiuvarenhaus)

7 Oberbayerns Mantra

Und OBB!

Nicht jeder findet es im Bezirk Oberbayern rundum schön. Gewiss: Es gibt Regionen in Deutschland, in denen nicht so viele Alleen abgeholzt wurden, in denen man sich mit der Bepflanzung des Straßenbegleitgrüns mehr Mühe gibt, in denen man auch bei kleineren Neubauten mehr Mut zu fantasie- und geschmackvollen Lösungen zeigt. Dass auf all dies schon vor Jahrzehnten der Dokumentarfilmer Dieter Wieland in seiner legendären Fernsehreihe »Topographie« hinwies und mit seinem (kunst-)geschichtlich geschulten Blick vielen die Augen öffnete, hat uns zwar den einen oder anderen Erbschatz bewahrt, konnte aber vieles an alter Bausubstanz und (Kultur-)Landschaft dennoch nicht schützen, das mancher Flurbereinigung oder Autobahntrasse im Weg stand. Aber auch die Gegenkräfte sind hier stark. Natur- und Brauchtumspflege stehen immer höher im Kurs und können den Mythos Oberbayern bestens nutzen und im Gegenzug prägen. Oberbayern ist der strahlende Beweis, dass unsere Welt eine selbstgemachte ist.

Die Macht der Sprache Da passt es wie die Faust aufs Auge, dass sich der Bezirk als Staatsmantra für das schlichte »Und OBB!« entschieden hat. Ist klar, oder? OBerBayern. Es soll wohl ausrufen: Jetzt erst recht! Wenn wir schon in Oberbayern sind, dann halten wir uns auch an das, was der Name verspricht.

Das Logo des Bezirks Oberbayern

Das Lebensgefühl des Bezirks Oberbayern

Ein Bezirk, ein Lebensgefühl

8

Eine Institution für Zugereiste

Lassen Sie mich noch ein bisschen beim »Bezirk« bleiben! Der Begriff verlangt vielleicht Erklärung. In Bayern gibt es etwas, das nicht in allen Bundesländern vorgesehen ist, nämlich den Bezirk: kleiner als ein Bundesland, größer als ein Landkreis. Eigentlich praktisch. Da kann man im Zweifelsfall besser nach oben oder unten delegieren. Im Ernst: eine sinnvolle, schöne Einrichtung, dieser Bezirk. Er ist im Fall von Oberbayern erfreulicherweise deckungsgleich mit dem Regierungsbezirk. Es gibt nämlich verwirrender- und nur für Staatsrechtler verständlicherweise sowohl den »Bezirk Oberbayern« als auch

Gute Anlaufstelle bei Assimilationsfragen: die Prinzregentenstraße 14 in München

den »Regierungsbezirk Oberbayern«. Ersterer dürfte neben diesem Büchlein die sinnvollste Anlaufstelle bei Fragen und Problemen der Eingewöhnung und Eingliederung sein. Kümmert er sich mit seinen ca. 1000 Mitarbeitern (plus 7000 in Kliniken) doch um ganz wesentliche Belange und nimmt damit dem Freistaat und den Landkreisen so manches ab.

Der Freistaat spricht etwas kryptisch so vom Bezirk: »Der Bezirk Oberbayern ist eine in der Verfassung des Freistaates Bayern verankerte kommunale Gebietskörperschaft.« Das sagt leider noch nicht viel. Der Bezirk selbst wirbt besser für sich: »fördern, initiieren, helfen, bewahren, unterstützen«. Seine Hauptaufgaben sieht er also im Sozialen und Kulturellen. Er trägt psychiatrische und neurologische Versorgungseinrichtungen, betreibt eigene Fachkrankenhäuser, Berufs- und Förderschulen und fördert private Bildungseinrichtungen. Sein Kulturreferat betreibt Freilichtmuseen und ein Kultur- und Bildungszentrum im ehemaligen Kloster Seeon und beschäftigt sogar einen Popularmusikbeauftragten. In Diensten steht auch der Bezirksheimatpfleger, dem das Volksmusikarchiv und das Trachteninformationszentrum gezielt noch einmal die wichtigsten Brauchtumspflegedienste abnehmen.

9 Bayrischer geht's nicht?

Nach Süden gen Alpen

So kennen wir Oberbayern aus dem Vorabendprogramm des ZDF, so lassen wir es uns gefallen. Bayrischer geht es nicht, nicht wahr? Doch Vorsicht! Die meisten von uns leben ja nicht in den Bergen, sondern auf dem »platten Land«, das zwischen den Voralpen und der Donau flacher ist als das einst von rabaukigen Wikingergletschern zerzauste Schleswig-Holstein. Da kommt man in Bergnähe nun angesichts der ungewohnt steilen Topografie leicht ins Jubeln und Strudeln und vergisst, wo man war.

»Na, schönes Wochenende gehabt?« – »Ja, wir sind auf den Münchner Hausberg gewandert.« Oh, oh, schon wieder mindestens einen Fehler gemacht! Korrekt heißt es »Münchner Hausberge« und der Begriff bezieht sich auf keine bestimmten Berge oder Gebirge, sondern meint einfach nur all jene Gipfel, die sich auch bei spätem Frühstück gut von München aus erwandern lassen. Tipp also zum Einstieg: Lernen Sie schon mal grob die Namen der wichtigsten Gebirge – damit man im Montagsgeplauder mit den Kollegen am Kaffeespender nicht Gipfel und Gebirgsketten verwechselt und abschätzige Blicke der Einheimischen und längst bergerfahrenen Zuagroastn einfängt.

Oberbayern par excellence

Gipfelglück auch ohne Gekletter

Hausaufgabe: Auswendiglernen Also hier im Schnelldurchlauf, ganz grob von West nach Ost: Ammergauer Alpen (= Ammergebirge) und Wetter-steingebirge; das ist das mit der Zugspitze, oder noch besser auf Bairisch: dem Zugspitz. Sodann folgt das (nicht der!) recht brüchige und wildere Karwendel. Quer vor den letzten beiden liegen – quasi als erste Hürde und Aussichtsterrasse – von Garmisch bis Kufstein die Bayerischen Voralpen, zu denen wiederum als Untergruppen das Mangfall- und Estergebirge sowie die Benediktenwandgruppe zählen. Bei Rosenheim lassen die Alpen freundlicherweise den Inn durch. Östlich davon folgen schließlich noch die Chiemgauer Alpen mit der beliebten und belagerten Kampenwand und die Berchtesgadener Alpen mit Oberbayerns Kronjuwel, dem Watzmann, dem allerschönsten Berg der Welt. Alles gemerkt? Gut.

Tipp

Wenn Sie schon mal das Profil der Tegernseer Gipfelketten lernen wollen, bieten sich Notizen auf den hübschen Gipfelblöcken an, die dort am Tegernsee (nicht aus ihm) geschöpft werden.

Die Gipfel-Auflösung befindet sich auf der Rückseite des Blocks.

10 Bayrischer geht's!

Nach Norden gen Donau

Wenn es Sie in den Norden Oberbayerns verschlagen hat, seien Sie nicht enttäuscht! Ganz im Gegenteil. Nördlich von München befindet sich nämlich der Wilde Westen Oberbayerns. Touristen sind noch nicht in Massen unterwegs. Und zwischen den Orten ist mehr Freiraum. Wo der Tourismus nie Fuß fassen konnte, zogen die Menschen in die Städte. Ein ansonsten ausgezeichneter »Oberbayern«-Reiseführer eines renommierten Verlags lässt gar alles nördlich von Freising komplett weg. Sie sehen: Das hier ist nun wirklich mal Oberbayern für Zugereiste.

Ruhe vor Touristen

Als Pilzfreund kommt man hier auf seine Kosten; die größte Pilzvielfalt Deutschlands lockt. Lassen Sie sich aber nicht abschrecken: Die Orte tragen nördlich von München nicht mehr so idyllische Namen wie Rosenheim oder Wasserburg, sondern heißen ganz offenherzig Odelzhausen, Schrobenhausen oder gar Sixtnitgern (hdt.: siehst du nicht gern). Die schlimmen Zeiten, die zu solchen Namen führten, sind allerdings längst vorbei – und Odelzhausen hat auch gar nichts mit dem Odel zu tun. Den berühmten Schrobenhausener Spargel können sich mittlerweile auch jene leisten, die dort wohnen, nicht nur der Adel in den fernen Schlössern.

Gourmetoase Mit der Hallertau haben wir sogar einen Lieferanten für eine kostbare Delikatesse. Nein, ich meine nicht die Blütenstände des Hopfens, sondern dessen ersten jungen Spross, den Hopfenspargel. Der wird ähnlich heiß gehandelt wie Trüffel. Lange Zeit hat man den Menschen hier nicht so recht über den Weg getraut und ließ sie auch ein wenig links liegen. Um 1800 sagte Staatsrat Joseph von Hazzi noch über die Holledau (= Hallertau): »Die Menschenrasse ist äußerst verkrüppelt, und verküm-

mert und klein, dumm und wild.«
Aber aber, Herr Staatsrat!

Zu der Zeit begann man im Donaumoos gerade erst mit Besiedelungsver-
suchen. Der schwierige Boden blieb
schwierig. Im Freilichtmuseum Donaumoos kann man Höfe jener Zeit
besichtigen und fühlt sich wie in der
Puszta. Moos und Moor bestimmen
hier weite Teile der Gegend, auch wenn
sie jetzt trockengelegt sind. Wenn man
einen See findet, so ist auch dieser er-
baggert. Und wenn man beim Baggern
auf einen Goldschatz stößt, so stammt
er von den Kelten, die hier einst auf die
Bajuwaren warteten.

Domkreuzgang in Eichstätt

Architekturjuwel Wer sich ein hübsches, bombenverschontes Studenten-
städtchen erspazieren möchte, sei nach
Eichstätt gelockt. Der Ort darf seinen
Fürstbischöfen in der Willibaldsburg
danken, die ihr Erbe keinem Nachwuchs vermachen durften.

Auch für moderne Erweiterungs-
bauten wurden sehenswerte architek-
tonische Ideen umgesetzt. Doch Vorsicht! Die Gegend um Eichstätt ist ge-

Tipp
Wenn Sie kein Bier (mehr) mögen
oder als Hallertau-Anwohner keinen
Hopfen mehr sehen können, Sie aber
auf dessen beruhigende und ent-
spannende Wirkung nicht verzichten
möchten, greifen Sie stattdessen zu
Beifuß, Frauenmantel, Johanniskraut,
Rosmarin oder gar Brennnessel!

fährlich; früher trieb hier der fleischfressende Juravenator sein Unwesen.
Keine Sorge: Er ist seit 150 Millionen Jahren ausgestorben und hätte uns
nur bis ans Knie gereicht. Beim Wandern kann man hier also mittlerweile
ohne Sorge durchatmen, zum Beispiel ganz wunderbar auf dem »Urdonautalsteig« zwischen Altmühl und Donau. Für unbelehrbare Bergbegeisterte,
die es in den Norden Oberbayerns verschlagen hat, gibt es immerhin einen
kleinen Hoffnungsschimmer: Die Alpen rücken immer näher, denn die
afrikanische Platte bewegt sich nach Norden. Beim Warten kann man
schon mal eine oberbayerische Tugend lernen: Hektik verachten.

11 Die Großstadt
Ingolstadt

Wenn Sie Glück haben, hat es Sie nach Ingolstadt verschlagen. Hier ist alles besser. Der umschwärmten »Schwester« von München, welches zwar etwas fülliger, aber 350 Jahre jünger ist, gönnt man den Trubel und genießt derweil seit der ersten Erwähnung im Jahr 806 n. Chr. das gute Leben. Als kreisfreie Stadt muss sich Ingolstadt auch nur um sich selbst kümmern. Mit dem international tätigen Fluss Donau kann die Stadt über die Isar punkten und hat gleich drei Zentren vorzuweisen: das Shopping-Outlet Ingolstadt Village, das Audi-Zentrum und die Altstadt. Sie haben die Wahl. Die Altstadt schirmt sich immer noch mit grünen Wallanlagen gegen Neubauten ab. In anderen Städten wurde so was längst geschleift und im 19. Jahrhundert mit Angeberbauten vollgepflastert. Schon 1458 erkannte Herzog Ludwig der Reiche die Vorzüge der Stadt: »Der Wein ist etwas teuer, das Fleisch ist gut, das Brot vorzüglich und Fische liefert die Donau ebenso viel, als köstlich.« Damit warb er bei Papst Pius II. um die Errichtung einer Universität in Ingolstadt – und hatte Erfolg.

Einnahmequelle Uni Schon damals sorgte sich die Stadt um das Wohl ihrer Studierenden: »Die Brauer müssten sich unbedingt mit besseren Stoffen und größeren Mengen versehen, damit nicht die Studenten wegen Mangel an Trunk abwandern müssten« – so fordert es das Senatsprotokoll der Universität Ingolstadt vom 7. Oktober 1517. Bis ins Jahr 1800 hielt der Absatz, dann zog die Uni fort, erst nach Landshut, schließlich nach München. Das schlug ins Kontor. Die Brauer hatten der Stadt einst über die Biersteuer allerlei ermöglicht und damit zum Beispiel ein Drittel der Stadtbefestigung finanziert.

Hier wurde das Bier sauber Aber noch heute darf Ingolstadt immerhin auf das Reinheitsgebot stolz sein. Es gab zwar schon lange davor diverse Vorläuferregelungen, aber erst am 23. April 1516 trat in Ingolstadt in einer Neufassung der bayerischen Landesordnung das nun bayernweit gültige Reinheitsgebot in Kraft. Herzog Wilhelm IV. verkündete es. Dass darin die Hefe noch nicht erwähnt wird, schiebt man heute auf damaliges Unwissen.

Münchens ältere Schwester: Ingolstadt

Wer nach Ingolstadt zugereist ist, muss auch nicht den Weg nach München auf sich nehmen, um dem Oktoberfest einen Besuch abzustatten. Da bietet die Nachbargemeinde Manching mit dem Barthelmarkt in Oberstimm eine charmante Alternative, auf der man einen Eindruck davon bekommen kann, wie sich die Wiesn in München einst angefühlt haben mag, als sie noch weitestgehend von Einheimischen besucht wurde.

Horch, horch! Mit Audi haben wir in Ingolstadt auch den größten oberbayerischen Automobilhersteller. Wie bitte? Und was ist mit BMW? Die Motorenwerke sind nur auf dem Papier oberbayerisch. Der größte Produktionsstandort liegt in Dingolfing (Niederbayern). Bei Audi in Ingolstadt stehen sechsmal so viele Beschäftigte am Band wie im BMW-Stammwerk in München. Von Ingolstadt aus betrachtet gilt BMW also nur als oberbayerische Briefkastenfirma.

Ingolstadt? Da war doch noch was bei Dan Brown, oder? Über die Sache mit den Illuminaten darf ich nicht zu viel verraten, sonst entzieht man mir die Mitgliedschaft. Zumindest das: Adam Weishaupt gründete hier 1776 den Bund der Illuminaten. Oder wollen uns das die Verschwörungstheoretiker etwa nur weismachen? Gibt es noch andere Großstädte in Oberbayern? Nein. Als drittgrößte Stadt hat Rosenheim nur 63 000 Einwohner.

12 Die richtig große Stadt
München

Eine Stadt mit ganz starkem, eigenem Lebensgefühl, das schon wieder deutlich anders ist als im Umland oder den nächstgelegenen Städten wie Freising, ist die größte Stadt Oberbayerns, die größte Bayerns und vielleicht sogar die weltweit bekannteste deutsche Stadt: München. Ein Drittel der Menschen Oberbayerns lebt hier. Ein Drittel der Bewohner Münchens sind wiederum Oberbayern. Da stehen die Chancen nicht schlecht, dass es auch Sie in diese einzige Weltstadt Oberbayerns verschlagen hat. Über München gibt es eigentlich nur eine wichtige Sache zu wissen: wie man eine Unterkunft findet. Alles andere ergibt sich schon. Denn München boomt. Allerorten werden Arbeitsplätze geschaffen, viele davon an Schreibtischen, von denen aus man in der Regel nicht auf Bairisch mit den Menschen mailen muss. Die Chancen stehen also gut, dass Sie hier einen Job finden werden.

1. Tipp Für eine erste, günstige Orientierung bietet sich eine »Stadtrundfahrt« mit der Tramlinie 19 an, z. B. vom Hauptbahnhof zum Max-Weber-Platz und zurück. Das mit der Wohnung ist ein anderes Problem. Geheimtipps im Wohnungsmarkt gibt es leider keine. Wer eine Wohnung hat, bleibt tunlichst dort, auch wenn die Familie mittlerweile gewachsen und der Hund längst vom Schoßhündchen zum veritablen Hofhüter mutiert ist. Aber das hat auch Vorteile.

Wie bitte? Aus städtebaulicher Sicht hat es tatsächlich einen Vorteil. Denn so war München 2018 die mit großem Abstand am dichtesten besiedelte Gemeinde in Deutschland (4736 Einwohner pro Quadratkilometer, damit vor Berlin mit 4090 und doppelt so dicht gepackt wie Hamburg mit 2438 Einwohnern). Vergleichen Sie das mal mit Schwerin: 734! München ist also siebenmal so dicht bewohnt wie Schwerin. Dass bei diesem Packmaß der öffentliche und private Verkehr trotzdem meist nur diesseits der Grenze zum Totalchaos bleibt, verwundert. Und worin soll nun der große Vorteil bestehen? Trotz Sperrstunde gibt es kaum Viertel, in denen nachts nicht der Hund begraben ist. Sie sehen: Eine hiesige Stärke ist das Sich-schön-reden-Können.

Im Sommer luftig-leer: der Marienplatz

2. Tipp Wenn im Sommer zwischen März und September die Touristen, im Herbst die Wiesnbesucher und im Dezember die Weihnachtsmarkt-Wochenendbelagerer hinzukommen, wird es richtig kuschelig. Wichtiger Hinweis für Zuagroaste in München: Im Dezember den Marienplatz und seine behütteten Ausläufer nur betreten, wenn man nicht in Zeitnot ist und sich gern »von der Masse mittragen« lässt.

Schwabings alter Glanz

Relikt aus einer Zeit, als man in Schwabing noch mit dem eleganten Wagen vor dem Café hielt. Dass im Hintergrund der Wedekindplatz in gnädiger Unschärfe verschwimmt, hätte Frank Wedekind nicht gefreut. Der war für deutliche Bilder und Worte zu haben, z. B. für diese, die sich dort auf einer Brunnensäule finden: »Seltsam sind des Glückes Launen/ Wie kein Hirn Sie noch ersann / Daß ich meist vor lauter Staunen / Lachen nicht noch weinen kann.«

München? Nur wo genau? Apropos Stadtviertel: In München ist man weder so viertelfixiert wie in Berlin noch so flussseitenaffin wie in Köln. In erster Linie ist man Münchner. Schwabings Spezialstern hat schon lange an Strahlkraft eingebüßt, nur Giesing und Sendling strahlen noch ein bisschen klassenbewussten Lokalpatriotismus aus. MC Harras & The Sendling 70 Pussy Riders bringen es in Reimkultur auf den Punkt: »Und habt selbst ihr das jetzt gecheckt? Nur Sendling, Mann, is endskorrekt.«

Münchner? Nur wann? Werden Sie als Zugereiste also in München zurechtkommen? Davon gehe ich aus. Werden Sie sich wohlfühlen? Das hoffe ich. Werden Sie selbst zum Münchner? Na ja, über lange Zeit stellte einem Zuagroastn die einheimische Bevölkerung ziemliche Hürden, bis man als echter Münchner gelten konnte. Und diese Hürden gibt es nach wie vor. Es ist ein feiner Grat zwischen Anbiedern und Eingliedern. Stümperhafte kulturelle Assimilationsversuche werden in München länger als in anderen Landen geahndet. München-Liebe wächst dennoch mit den Jahren. Macht es die Stadt den Neulingen in der ersten Stunde schwer (z. B. beim Entwirren des ÖPNV-Tarifdschungels), in den ersten Tagen durch Umgarnen und Einflößen leicht, in den ersten Wochen bei der Wohnungssuche schwer, in den ersten Monaten durch ihr reserviertes Verhalten noch schwerer, dann folgt nach Jahren der Umkehrschwung. Und man ist plötzlich dahoam. Sie merken: Ich spreche nur aus eigener Erfahrung.

Eine kurze, lange Geschichte

Zur Historie

13

Bringen wir's hinter uns. Da müssen wir jetzt durch. Aber gemeinsam schaffen wir das! Ich versuche mich kurz zu fassen, wenn es im Folgenden um Oberbayerns Geschichte geht. Das ist nun wirklich Wissen, um das man als Zugereister nicht herumkommt. Sie ahnen ja nicht, wie oft im Alltag hier mutmaßliche Urbaiern, Herzöge, Könige und Prinzregenten für dies und jenes verantwortlich gemacht werden: nicht nur Straßen und Plätze, sondern Brauereien, Klöster und Kuchenrezepte (Prinzregententorte).

Ursprünglich keltisch? Im achten Jahrhundert vor Christus fanden es die Kelten hier bereits ganz schön und machten es sich anschließend (ca. um 150 v. Chr.) in quadratischen Höfen gemütlich. Als man später deren Reste als Wälle in der Landschaft fand, nannte man sie Römerschanzen, heute weiß man es etwas besser und sagt »Viereckschanzen«. Fünfzehn Jahre vor Christi Geburt kamen die Römer und blieben für ziemlich genau 500 Jahre. Sie vertrieben die Kelten aber nicht; man lebte hier schon damals für einige Zeit eine »prä-bavaroide« *liberalitas*. Man sprach hier also Latein, noch bevor das erste bairische Wort zu hören war.

Die Bayern kommen! Irgendwann im 6. Jahrhundert machten sich die »Baio-Warioz« entweder aus Thüringen oder Böhmen oder aus beidem nach Bayern auf, um es endgültig seiner Bestimmung zuzuführen. Mit *warrior* liegen Sie hier sprachlich nicht so falsch. Gemeint sind in der Tat die kampfestauglichen Männer, die »Recken vom Stamm der Bojer«. Als eines der vielen Völker, die hier durchzogen, blieben sie auch hier, konnten aber als Einzige ihren Namen dem Land leihen: 576 findet man eine erste Erwähnung, schon eine Generation später gibt es ein erstes bayrisches Herzogtum. Das erste bayerische Adelsgeschlecht waren die Agilolfinger. Bereits im Jahr 788 wurde der letzte ihrer Herzöge, Tassilo III., allerdings von dem ihm vorgesetzten Franken Karl dem Großen abgesetzt. Seitdem ist es aus mit reibungsloser Brüderlichkeit zwischen Bayern und Franken, selbst wenn diese nach außen gespielt wird. Bis ins tiefe Mittelalter reicht also dieser Familienzwist zurück.

Jetzt wird es edel Als neue Vorzeigefamilie kamen nach den Welfen die Wittelsbacher ins Rennen. Eigentlich müssten sie »von Scheyern« heißen; da sich ihr Otto IV. aber durch den Bau seiner schönen neuen Burg Wittelsbach einen Namen machte, gab man ihm diesen auch: der Wittelsbacher. Im 12. Jahrhundert folgen zwei schlimme Schlagzeilen kurz aufeinander: 1156 wird Österreich abgetrennt; diese Wunde ist immer noch nicht verheilt. Und 1158 fackelt Heinrich der Löwe nicht lange und brennt die Isarbrücke bei Oberföhring ab. Hintergrund war wie immer

Oberbayerns Geschichte ist ein ständiges Auf und Ab.

das Geld: Er gönnte den Bischöfen von Freising nicht die einträgliche Kontrolle des Salzhandels. Dann folgten ein paar Jahrhunderte, in denen man mal der einen, mal der anderen Allianz folgt; Ludwig der Baier wird deutscher Kaiser. Zwischen Mittelalter und 19. Jahrhundert passiert eigentlich ansonsten nicht viel. Na ja, natürlich doch, aber es geht so sehr hin und her mit den Grenzen, den Vererbungen, den Verbündungen und Fehden, dass man kaum zu Atem kommt. Wichtig ist jedenfalls: Aus dem Dreißigjährigen Krieg geht Bayern als gestärkt katholisch hervor; Kurfürst Max Emanuel verordnet landesweiten Barock.

Aufschwung sondergleichen In den Jahren 1803 bis 1805 folgt eine Wende, die nur mit jener um 1989/90 zu vergleichen ist. Max IV. wird befördert zu Max I. Joseph, denn wenn man vom Kurfürsten zum König aufsteigt, beginnt die Zählung in diesem Spiel wieder von vorn. Bayern gewinnt aber nicht nur Statuspunkte, sondern kann sich im Rahmen der Säkularisierung der Klöster und des Kirchenbesitzes nicht unwesentlich bereichern. Im nun folgenden langen 19. Jahrhundert bis zum Ersten Weltkrieg formen die Wittelsbacher Monarchen ihr Bayern zu dem, was wir heute kennen und meist lieben und was in Oberbayern seine schönste Ausprägung erfährt.

Eher symbolisch gemeint

Weiß und blau

Ein unschöner und weder soziologisch noch ästhetisch haltbarer Spruch erwartete vor ein paar Jahren Marienplatzbesucher an einem Zeltling. Hier wollten Menschen ihrer Anspruchslosigkeit Luft machen: »Weiß-blau ist bunt genug!« Leider haben sie da viel falsch verstanden. Es sind ja nicht die Farben für hier unten gemeint, sondern für den Himmel, unter dem so viel Buntes möglich werde und der auch über Zugereisten scheint. Denn er ist im Idealfall, welcher in Oberbayern überdurchschnittlich häufig eintritt, nun mal weiß und blau. Der Oberbayer weiß: Er lebt im Paradies.

Von den Grafen von Bogen erbte Bayern sein weiß-blaues Rautenwappen. So einfach ist es aber nicht. Form, Neigung und Farbtöne sind genau geregelt. Das Wappen muss mindestens 21 weiße und blaue Rauten zeigen und in der Ecke links oben in einer weißen Spitze enden. In der Wappenkunde, der Heraldik, spricht man übrigens nicht von Rauten, sondern von Wecken. Die Staatsflagge ist also weiß-blau geweckt.

Die Urform von Bayerns Staatsflagge

Ein tonangebendes Stück Wenn Sie es ernst meinen mit dem Herzug und der Eingliederung, sollten Sie am besten auch gleich die Bayernhymne auswendig lernen. Zwei Wörter darin kennen Sie schon: weiß und blau. Seit dem Jahr 1860 gibt es das Stück, seit 1964 ist es die offizielle Hymne des Freistaates. Die Bayernhymne teilt leider das Schicksal vieler Regional- und Nationalhymnen: Die Melodien ähneln sich und sind oft schlechter zu merken als die von organischer gewachsenen Volksliedern, bei denen halt die eingängigeren überlebt haben. Wenn Sie beim besten Willen nicht auf die Melodie kommen, erlaubt das Versschema der bayerischen Hymne, dass Sie sie auch auf die Melodie von Haydns Kaiserhymne, dem jetzigen Deutschlandlied also, singen. Aber seien Sie vorsichtig: Als Einzige der deutschen Regionalhymnen steht sie unter einem besonderen rechtlichen Schutz; man darf sie nicht verunglimpfen. Dies wurde einst der Biermösl Blosn zum Verhängnis, als sie »Gott mit Dir, Du Land der BayWa« sang.

Nur ein frommer Wunsch? Aber zurück zum eigentlichen Text: Der Text der Bayernhymne wurde schon einige Male dem Zeitgeschmack und der Staatsform angepasst, aber er hat trotz starken Gottesbezugs eine Zentralbotschaft, der auch Nicht- oder Andersgläubige etwas abgewinnen können. Es stehen weniger das Vergangene, Ererbte, die Tradition, Blut und Stolz im Vordergrund, auch ist nicht von Krieg und Sieg die Rede. Von Erde, Vaterland, Gau und Stamm hingegen schon. Vielleicht kann da noch mal jemand drüberschauen?

Erlaubte Variante: oben weiß, unten blau

Die Hymne nennt sich nicht Lied »der Deutschen«, sondern »für Bayern«. Wieder macht ein kleines Wort einen Unterschied. Es sagt nicht »So ist es bei uns, so war es schon immer«, sondern »So soll es sein«. Wär doch schön! Kurzgefasst ließe sich der gesamte Hymnentext mit »Viel Glück, Bayern!« übersetzen.

Oberbayern h.c.

Salzburg und Tirol

15

Ich möchte den Antrag stellen, Mozart zum oberbayerischen Ehrenbürger zu machen. Seine Mutter kam aus St. Gilgen im Salzburger Land, sein Vater aus Augsburg. Dazwischen erstreckt sich ausschließlich Oberbayern. Und die Stadt München, die ihn letztlich abblitzen und sein Glück in Wien suchen ließ, hätte an ihm sowieso noch etwas gutzumachen. Mozart gefiel es hier gut, er hatte Beziehungen und Freunde. Irgendeine nette Anstellung hätte sich doch sicher finden lassen! Na ja, Schwamm drüber. Wir könnten allerdings darüber nachdenken, gleich dem ganzen Salzburger Land und auch Tirol die Ehrenbürgerschaft in Oberbayern anzubieten.

In der Kultur verbunden Wirtschaftlich ist der Schulterschluss längst gelungen; aus Österreich werden ohnehin trotz Internet mehr Waren importiert als aus China. Und ansonsten sind die Unterschiede wahrlich kleiner als die Gemeinsamkeiten. Als Rosenheimer ist man dem Salzburger oder Innsbrucker näher als dem Nürnberger. Die Geierwally und die Isar kommen auch beide aus Tirol. Tracht, Musik und Sprache sind im Pinzgau (zwischen Tirol und Berchtesgadener Land gelegen) so vertraut, dass man es erst spät merkt, wenn man in eine Volksmusiksendung des Bayerischen Rundfunks reinschaltet, die dieser regelmäßig auch bei befreundeten Musikern auf der anderen Seite der Grenze aufzeichnet. Den Abschied »mit herzlichen Grüßen nach drüben« hat man dann aber doch nicht dauerhaft eingeführt.

Von der Geschichte getrennt Kriegerisch gerieten Österreich und Bayern letztmals im Mittelalter so richtig aneinander. Damals hielt man die Zivilbevölkerung noch weitgehend aus den Kampfeshandlungen raus. Obwohl: Stimmt nicht ganz. 1705 fielen in der »Sendlinger Mordweihnacht«, einem Aufstand gegen die österreichische Besatzung, 1100 bayrische Bauern. Dass die Erinnerung an das Massaker anhält und der Anführer, der »Schmied von Kochel« im Volke verehrt wird, liegt unter anderem daran, dass viele Aufständische erst nach Niederlegen ihrer Waffen ihr Leben ließen. Die Habsburger verloren nur 40 Männer. Wie ein Jahrhundert später der Spieß umgedreht wurde und 1809 der Tiroler Volksaufstand gegen die bayerische

Besatzungsmacht eine ganze Fülle von Nachwirkungen weit über den Vormärz hinaus nach sich zog, ist auf beiden Seiten der Nördlichen Kalkalpen immer noch nicht hinreichend aufgearbeitet und sollte bei eventuellen Anschlussverhandlungen ausreichend zur Sprache gebracht werden.

Wir wollen keine Leichen im Keller.

Könnte eine der schönsten Städte Oberbayerns sein: Salzburg

Kulturschock I

So habe ich mir das nicht vorgestellt

Es ist schon ein Schock. Da zieht man aus Aurich nach Aubing; da will man doch auch »a zünftigs Boarisch hean«! Nicht mehr so einfach heutzutage. U- und S-Bahn-Anschlüsse machen aus einst quirligen Ortschaften mit Vollausstattung und umfänglicher Funktion nur noch angeschlossene Schlafabteile der Großstädte. Wenn der Dorfbäcker in siebter Generation schließt, macht nicht nur sein Ofen, sondern auch er selbst die Klappe zu. Man holt sich halt schnell noch was von der Backtheke im Discounter. Und das heißt deutschlandweit alles gleich. Auch Kreditverhandlungen laufen anders, wenn die Kinder nicht mehr im gleichen Verein spielen.

Schizophrenieverdacht Auf lange Frist scheint die Sache also schon verloren. Was man als Zugereister als Bairisch erlebt, ist selten mehr als ein gefärbtes Hochdeutsch mit eingesprengten Lehnwörtern aus dem »richtigen Bairisch«. Dabei lohnt sich doch eine gepflegte Doppelsprachigkeit. Jüngst geisterte durch die Druckerzeugnisse, dass man als Bilingualer zwei Persönlichkeiten habe, je nachdem in welcher Sprache man sich gerade bewegt. Anbiedern durch künstliche Dialektfärbung ist natürlich peinlich und geht nach hinten los. Aber wenn man innerlich hier und da mal Tonfall, Haltung und Gebärde nachübt, kann das das Verständnis für den anderen erleichtern. Vielleicht benutzt man ja im Urlaub in Catania auch die Hände stärker als im heimischen Helmstedt. Das Bairische ist eine irisierende Sprache mit reicher Grammatik und farbigen Klängen. Und sie ist eine menschenfreundliche. Für den Alltag eignet sie sich besser als die hochdeutsche Standardsprache, welche vielleicht besser für wissenschaftliche Erörterungen taugt. So jedenfalls das gängige Vorurteil. Wer zu Hause Dialekt spricht und ansonsten zusätzlich die Hochsprache nutzt, macht weniger Fehler (kein Scherz, wissenschaftlich nachgewiesen).

Nur die Ohren auf! Ich möchte Ihnen in dieser Hinsicht Mut machen. Mir steht Franz Marc bei, der 1914 sagte: »Das Bayerische [...] hat etwas Würdiges, Bedächtiges und ungeheuer Sicheres. Wenn man einen Bayern zwischen all diesen Mundarten hört, imponiert es, es liegt etwas Ruhendes darin.« Damit hat er vielleicht nicht das mitunter etwas angestrengte Münchnerische gemeint, sondern den entspannteren Stimmsitz im Alpenvorland. Was man in der Sprachschule nämlich nur schwer lernen kann, sind die anderen Farben und Töne. Wienerisch klingt in manchen Ohren vielleicht »angepisst«, Niederländisch niedlich, Tirolerisch hart, aber harmlos. Alles nicht so gemeint! Da spielt uns unser Sprachgefühl nur einen Streich. Das Bairische ist kein abgestammter Dialekt des Standarddeutschen, wie es in der *Tagesschau* erklingt, sondern eine eigene Sprache, die sich parallel dazu entwickelt hat. In der Praxis hören wir dennoch oft nur ein bairisch eingefärbtes Standarddeutsch statt eines richtig bairisch gestrickten und in der Wolle gefärbten Bairischs.

Alsterwasser ade! Es geht also nicht darum, Ihr Standarddeutsch zu ändern. Aber es kommt gut an, wenn Sie bestimmte »Preußismen« vermeiden. Sehen Sie es mal so: Wenn Sie Spaß daran finden, zwei Espressi statt zwei Espressos zu bestellen, können Sie dieses Gefühl auch beim Schwammerlnkaufen erwecken und statt zu Pfifferlingen zu Reherln greifen. Beim Italiener ums Eck bestellen Sie ja auch nicht die Hohlnudeln mit Bratentunke, sondern die Rigatoni al ragù.

Zwischen dem schwäbischen Akzent in Stuttgart und dem österreichischen in Wien, die beide als staatstragende Akzente verstanden und geduldet, ja, mehr noch, begrüßt (!) werden, hat es das Kernbairische, das Mittelbairische nie in den Rang einer bundesweit gleichberechtigten Sprache geschafft. Ihm haftet immer noch das »Sepplige« an. Man misstraut dem Sprecher, oder zumindest nimmt man einen gewissen Promillepegel an.

Lassen Sie sich kein Å für ein A vormachen! Der musikalische Klang des Bairischen dreht dem Sprecher einen Strick. Das Bairische zeichnet sich durch einen besonderen Klangreichtum aus, welcher weit über A, E, I, O, U, Ä, Ö und Ü hinausgeht. Anfänger stolpern oft darüber, dass das A im Bairischen zum Beispiel mal sehr dunkel und mal sehr hell klingt. Und das geht nicht nach Lust und Laune. Man kann diesen Unterschied mit jenem zwischen a und ä bei stark und stärker vergleichen. So lautet die Einzahl von Schalk Schåik (fast Schoik), die Mehrzahl hingegen Schåik. Jenes »typisch« bairische I am Ende eines Wortes ist oft eigentlich ein E, klingt nur in norddeutschen Ohren fast wie ein I. Der Spitzname

Bairischer Versuch, sich den preußischen Touristen am Chiemsee verständlich zu machen

vom Markus Wasmeier ist nämlich nicht Wasi, sondern endet auf diesem sehr hellen E: Wasee.

Auf der anderen Seite fehlen im Bairischen aber auch manche Klänge. So können Sie weitgehend auf ein stimmhaftes S verzichten. Man hört stattdessen »Geßundheit«, oder gar gleich »Xundaed«! Diese fehlende Neigung zum Stimmhaften hat zur Folge, dass auch viele von außen eingeführte Wörter nicht so ausgesprochen werden, wie wir es gewohnt sind: Jeans klingen hier nach Tschiens, Jet nach Tschett, Jim nach Tschimm und John nach Tschonni.

Üben Sie den Klang des Bairischen mal für sich zu Hause! Sie werden sehen: Wörter anders auszusprechen, macht auch einen anderen Menschen aus einem, wie eingangs schon gesagt, wechselt man gewissermaßen die Identität. Vielleicht neigt man also eher zum Weißbier, wenn man in der Aussprache mal in sich geht.

Befremdetes und Befremdliches Für den Anfang noch ein paar Auffälligkeiten: »Fuß« ist alles rauf bis zum Po; und mit »Bein« meint man oft einen Knochen. Eine sprachliche Eigenheit im bairischen Standarddeutsch taucht meist nur schriftlich auf irgendwelchen Aushängen oder in Listen auf: Etwas gelte »Montag mit Donnerstag«/»März mit September«. Was soll es heißen? Antwort: »Montag bis einschließlich Donnerstag«/»März bis einschließlich September«. Muss man wissen als Zugereister. Aus der kurzen Zeit der Französischen Besatzung haben sich viele Wörter eingeschlichen, die als Lehnwörter erhalten blieben. Die Franzosen blieben aber nicht lange genug, um auch korrekte Aussprache und Betonung dauerhaft vermitteln zu können. Nur keine Scheu also! Es heißt hier Balkohn. Auch die Gollierstraße wird nicht etwa wie das »Collier« (also Kolljé), sondern wie »Turnier« ausgesprochen.

Ist eben nicht wurst

Tipp

Auch im Hochdeutschen gilt es, ein paar gewohnte Begriffe zu ersetzen:

Brezel = *Breze/Brezn*

Möhren/Mohrrüben = *Gelbe Rüben*

Kohl = *Kraut*

Pilze = *Schwammerl*

Sahne = *Rahm*

Kneipe = *Boazn*

Postbote = *Briefträger*

gehen = *laufen*

fegen = *kehren*

sprechen = *reden*

Danke = *Dankschön/Meassé (= Merci)*

eben = *halt*

knusprig = *resch*

Weihnachtsbaum = *Christbaum*

Weihnachtsmann = *Christkind*

Merkel = *Söder*

in diesem Jahr = *heuer (nicht mit heu-*
te verwechseln!)

Och nö! = *Ja mei.*

Na super. = *Ja servus.*

Na klar, ja sicher. = *Frallee!*
(= freilich)

Ach was! = *Öha!*

Verdammt/Sch##ße! = *Zefix!*

Grundlegende Etikette

Bairisch grüßen

Es dauerte lange, bis ich verstand, dass alles nur ein Missverständnis ist. Ich meine das Missverständnis zwischen Bayern und »Preußen«. Die Bayern halten den »Preiß« für unfreundlich, die Preußen den Bayern für unverständlich und abweisend, beispielsweise, wenn dieser auf ein normales »Guten Tag« mit »Bai uns hoast dees immer noch Griaß God!« antwortet. Das Problem lag aber nicht in der Wahl der Worte, sondern begann schon früher. Als überdurchschnittlich sensibler Menschenfreund nimmt der Oberbayer nämlich bereits vor dem Äußern des Grußes subtilste Zeichen aus der Körpersprache auf und lässt sich auch keine Ober- und Untertöne im anschließend Ausgeprochenen entgehen. Das wird dem Preußen zum Verhängnis. Was der nämlich gewohnterweise mit »normal« meint, wird hier bereits als betont unfreundlich oder herablassend wahrgenommen. Ein neutrales Braunschweiger »G'n Tach!« wäre ins Bairische mit »He, Sie da!« zu übersetzen. Das Grüßen beginnt mit dem ersten Erblicken und endet mit dem Gruß. Dazwischen darf man in der interkulturellen Begegnung keinen Fehler machen. Und in Oberbayern gilt noch mehr als anderswo: Der Ton macht die Musik. Wie man in den Wald ruft, schallt es verstärkt mit Echo heraus.

So, jetzt aber Hefte raus und mitschreiben!

Sei gegrüßt! = *Griaß di!* oder *Pfiate!* (mit hellem E am Ende, das fast nach I klingt)

Seid gegrüßt! = *Griaß enk/eich!* oder *Pfiatenk!*

Seien Sie gegrüßt! = *Griaß eana!* oder *Pfiateana!*

Schon im Gruß ein Missverständnis? Das ist jeweils keine Aufforderung, sondern ein Wunsch, dass etwas möglicherweise bestenfalls eintreten könnte: Es behüte/grüße dich Gott; möge Gott dich grüßen. Darum heißt es auch in der Mehrzahl nicht »Griaßt eich«, sondern »Griaß eich«, weil es ja immer noch nur der eine Gott ist, der im Idealfall grüße – ganz korrekt ist also auch »Pfiat eich« und nicht »Pfiats eich«. Da nutzt es auch nichts, wenn man im Herzen

Polytheist ist. Die Anrede von mehreren (es, eana, enk) klingt nicht einfach nach einem bairisch gefärbten »Ihr/Eure/Euch«, sondern nach einem ganz eigenen Wort. Sie stellt ein interessantes Sprachüberbleibsel aus lange vergangener Zeit dar. Hier hat sich nämlich noch etwas überliefert, was es vor dem Mittelalter in vielen germanischen Sprachen gab: der Dual. Zwischen der Einzahl (Singular) und Mehrzahl (Plural) hatte man eigene Wörter, wenn es darum ging, genau zwei anzusprechen. Daher kommt unser bairisches »Es« = »Ihr beide«. Das immer öfter wieder gern gehörte »Habedehre« darf nur bairisch verschliffen als ein Wort ausgesprochen werden.

Kurz- und Nebenformen »Servus/Servas/Seas« entsprechen im Norden Moinmoin, Tachauch oder gar Hallöle. Es ist hin und wieder aber auch im Abschied möglich: Servus = Tschüss! Jedenfalls gilt: Man sollte es nur anwenden, wenn man die Begrüßten auch duzen würde.

Guten Morgen und Gute Nacht darf man weiterhin sagen; mit dialektaler Einfärbung klingt es allerdings noch schöner, nämlich nasaler beim »Guadn Mogn« und nächtlich dunkler bei der »Guad Nåchd«. Guten Tag ist auch weiterhin erlaubt, wird aber meist zu Grüß Gott aufgehübscht. Dieses auf »'ß Gott« einzudampfen, ist nicht die schlechteste Wahl. So muss man erstens nicht zwischen »grüß« und »griaß« wählen und zeigt zweitens bereits Eingewöhnungserscheinungen. Außerdem ist

diese Gruß-Variante schon seit Jahrhunderten belegt. In Adriano Banchieris reizender Madrigalerzählung *Barca di Venezia per Padova* von 1623 wird eine Bootsfahrt zwischen den beiden Städten dargestellt. Einer der Passagiere fällt durch tiefen Bass und großen Durst auf. Sie ahnen es: ein Bayer. Auch er grüßte schon bei Banchieri mit baritonalem »sgott«. »Auf Wiedersehen!« werde zu »Auf Wiederschaun!« Der Fortgeschrittene wird das au und ie allerdings etwas anders aussprechen als gewohnt. Das au reduziert sich im Bairischen fast zum a, das ie hingegen erweitert sich zum i(ä). »Áf Wí(ä)daschang«!

Grußhaltung: korrekt (oben) und zweifelhaft (unten)

Bairisch/bayrisch/bayerisch?

Eygentlich ganz eynfach

18

Vielleicht haben Sie bisher gedacht: Na, da ging aber was durcheinander; mal schreibt er bayerisch, dann bairisch und bayrisch. Was denn nun? Es war einst ganz einfach und wurde 1825 etwas komplizierter. Ludwig I. war nämlich von der griechischen Antike so eingenommen, dass der seinem

schönen Baiern ein adelndes Y verordnete. Da damals die Pfalz noch zu Baiern, pardon, Bayern gehörte, wurde auch aus Speier Speyer. Seitdem wurde alles Offizielle, das innerhalb der bayerischen Landesgrenzen passiert, auf die Fassung mit y umgetextet.

Hier sahen die Sprachforscher ihre Chance gekommen. Denn die Bairische Sprache wird nicht nur in Bayern gesprochen. Fast ganz Österreich und Südtirol gehören zum bairischen Sprachraum. Und für die gilt ja keine Anordnung des bayerischen Staatsoberhauptes. Wenn man vom Bairischen redet, ist also immer die Sprache gemeint.

Und was hat es nun mit dem Unterschied zwischen bayrisch und bayerisch auf sich? Das mit dem E hinter

Ludwig Y., äh I.

45

dem Y kann man halten, wie man will. Ich habe deshalb gleich versucht, beiden Lösungen gleichberechtigt eine Chance zu geben. Nur bei feststehenden Begriffen dürfen Sie nicht entscheiden. Etwas gepflegter und standardsprachlicher ist das eingeschobene E. Institutionen lassen sich daher nicht lumpen: Es heißt Bayerischer Rundfunk, Bayerische Staatsoper und Bayerische Staatsbibliothek. Merke: wo Staat, da E!

Einen weiteren Knüppel werfen uns die Linguisten zwischen die Beine. In Oberbayern spricht man nämlich keineswegs Oberbairisch, sondern Mittelbairisch. Sprachforscher sind offensichtlich weitblickender und ziehen andere Grenzen als Staatsleute. Zwei winzige Bereiche gibt es in Oberbayern, die sich nicht an die Vorgabe des Mittelbairischen halten: Ganz im Norden wird teilweise Nordbairisch gesprochen, ganz im Süden Südbairisch (genauer gesagt: eine Form des Tirolerischen). Damit ist Oberbayern immerhin die einzige Region, in der alle drei Unterarten des Bairischen (Nord-, Mittel-, Süd-) vorkommen. Und es breitet sich aus! Nach Westen wird im Allgäu ein Vorrücken verzeichnet, vermutlich als Reaktion auf die vielen Touristen, die dort eine Alm erwarten und bisher nur auf eine Alpe stießen. Und was ist nun Boarisch? Das ist einfach Bairisch/Bayrisch/ Bayerisch auf Bairisch.

In Oberbayern eine Schlagzeile wert

»I waar da Sepp.«

Die Macht des wäre/könnte/hätte

Der sprachwissenschaftlich Fortgeschrittene hat es vielleicht schon erkannt: Im Kern stellt das Bairische einen klanglichen Energiesparvorgang dar. Konsonanten (l, b, m, n, g …) werden, wo es möglich scheint oder auch nie möglich schien, zu Vokalen (a, e, i, o, u … sowie beliebige Kombinationen daraus). Aus Oberhaching wird so auch ohne Starkbierunterstützung *Oäai*.

Mittelbairisch ist ein polynesischer Dialekt Dies erklärt die klangliche Nähe zu manchen Südseesprachen, beispielsweise dem Hawaiianischen, das auch fast nur sanft klingende Vokale kennt (Oahu, Maui, Aloha …). Völkerkundler und Geografen mögen die Nasen rümpfen. Ich bin hingegen überzeugt: Im Herzen sind Hawaiianer und Oberbayern Brüder, oder wie man hier sagen würde: Nachbarn. Luftige Kleidung, Freizeitverhalten, entspannte Einstellung den vorgeblichen Pflichten des Lebens gegenüber, argwöhnischer Blick auf den übergeordneten Bundesstaat, Liebe zum Schönen, zum Draußensein und Surfen, zu körperbetonten Männer-Volkstänzen und nicht

Hackbrettspieler

zuletzt die verstörende Koinzidenz zwischen Leberkäs und dem auf Hawaii allgegenwärtigen Frühstücksfleisch Spam lassen nur einen Schluss zu: Die Ukulele entstand aus dem Hackbrett – oder anders herum. Und es wird tatsächlich im klassischen hawaiischen Gesang gejodelt. Kein Witz! »Aloha z'samm!«

Interkulturalität

Ich will mich im Bilde nicht versteigen. Kommen wir zurück zum volltönenden Mittelbairischen. Es klingt entspannt, musikalisch und hält für die Sprechenden den Blutdruck im Rahmen. Die gesparten Kräfte braucht man nämlich, um die neu hinzugewonnene Satzlänge zu bewältigen. Mehrfachverneinungen, erläuternde Nebensätze und abschwächende Einsprengsel (fei, grad, scho …) lassen so zum Absatz anwachsen, was dem Buxtehuder kaum einen Dreiwortsatz wert gewesen wäre. Der norddeutsch-protestantische Ton des allzu Selbstbewussten, seiner Sache 150-prozentig Selbstsicheren ist nicht des Oberbayern Ding.

Lieber nicht In der konkreten Praxis ist das Mittelbairische dann auch weniger eine Sprache der Anwendung als eine der Vermeidung und des Umschiffens. Nur keine Anstrengung! Nur keinen Konflikt! Nicht nur die Hintertüren offen lassen! Zwei Strategien greifen dabei im Gespräch. Erstens lieber einen Satz zu wenig als einen zu viel. Und zweitens lieber ein Wort zu viel als eines zu wenig. Man hält sich also zurück, präzisiert dabei aber bis zur Unkenntlichkeit – und darüber hinaus.

Die Angst vorm Festlegen entspringt einer tief im Eiszeitmuränengeröll und Isarkies verwurzelten Abneigung dem Müssen gegenüber. »Müssen« ist überhaupt ein Unwort, das sich nur im Rahmen einer Frage oder Verneinung ins Oberbairische übersetzen lässt: »Muås dees sei?« – »Na, dees miasma ned!« – »I håb no nia ned miassn gmussd!« Auch vor allzu klarem

Befehls- oder Empfehlungston hüte man sich. So werde aus »Das müssen Sie so machen!« lieber »Oißo, wånn I an Eana Schdäin warat, daad I dees scho i B'drachd ziagn.« Aus lauter Angst vor dem allzu Festgelegten flüchtet man zur Not sogar in die Zukunftsform: Aus »Das ist so.« wird »Dees wead scho so sei.« Wohl ein Hauptgrund dafür, dass sich Gebrauchsanweisungen so schwer ins Bairische übersetzen lassen.

Das sprachliche Selbstbild Selbst bei der eigenen Identität hält man sich die Türen offen. Es heißt nicht »Ich bin der Josef«, sondern »I waar da Sepp.« Das bedeutet nicht »Ich war der Josef«, denn im Mittelbairischen ist die Vergangenheitsform in der Regel anders konstruiert (in diesem Fall hieße es nämlich »I bin da Sepp gwesn.«), sondern »Ich wäre der Josef.« Hm, gesetzt welchen Fall denn? Na ja, wenn ich mich wirklich, wirklich festlegen müsste halt.

Übrigens gibt es sehr wohl Bier auf Hawaii, es gibt sogar hawaiisches Bier in München, so in den meisten Craft-Bier-Geschäften und »Poke«-Imbissen. Und an Isar, Lech, Inn und im Englischen Garten hört man im Sommer sowieso mehr Ukulelen als auf dem Mauna Kea.

Fürs Erste sollte das reichen. Der gelingende Gruß soll Ihnen ja nur den Einstieg ins Gespräch erleichtern. Der Ton ist ohnehin in Oberbayern wichtiger als das Wort. Wenn Sie Geschmack gefunden haben an der hiesigen Sprache, lege ich Ihnen ein anderes kleines Buch ans Herz: Hans Ulrich Schmid braucht für *Bairisch – Das Wichtigste in Kürze* 254 erstaunlich kurzweilige und auch für Nichtlinguisten lesbare Seiten. Wer also bei der Selbstassimilation große Schritte machen möchte ...

Tipp

Sie interessieren sich für Dialekt und Volkskundliches und schmökern gern in Lexika? Johann Andreas Schmellers *Bayerisches Wörterbuch* kam 1816 erstmals heraus und wird immer mal wieder neu aufgelegt. Das hat seinen guten Grund. Denn es ist kein dröges Kompendium sprachwissenschaftlichen Detailwissens, sondern bindet seine Fakten immer wieder auch an Beobachtungen aus dem Brauchtum und echten Leben. Die Bayerische Akademie der Wissenschaften beauftragte Schmeller einst, die Dialekte Bayerns zu erforschen. Das Königreich war noch jung; da wollte man wissen, wer oder was Bayern und Bairisch denn nun sei.

20 Gar nicht so gemeint I
Granteln

Ausnahmsweise stimme ich Thomas Grasberger (*Grant: Der Blues des Südens*) hier nicht zu – zwischen den Zeilen natürlich schon. Der sagt nämlich, dass das Granteln – das Nach-außen-Dringen des Grants also – noch weitverbreitet und typisch bairisch (sic!) sei. Ich sage: Wenn Sie flächendeckendes Alltagsgranteln erfahren wollen, fahren Sie mal nach Dessau! Ich will nicht beleidigen; ich spreche aus mehrjähriger Erfahrung. In Oberbayern fällt der Grant als Phänomen vielleicht deshalb auf, weil er die Ausnahme bildet. Dauergrantler sind hier extrem selten geworden; Akutgrantler bestätigen als Ausnahme die Regel. Man darf das Granteln eben nicht als generellen Charakterzug missverstehen. Gerade weil die bayrische Freude am Schönen, am Guten so ausgeprägt ist, kann man erst recht in Rage geraten, wenn jemand oder etwas hinter den Erwartungen zurückbleibt. Wenn man also mit Ihnen als Zugereistem überraschend hart ins Gericht geht, nehmen Sie es als verstecktes Lob! Sie blieben ja nur hinter den Erwartungen zurück, weil Sie zuvor Grund für gute Hoffnungen geliefert hatten. Von wem nix zu erwarten ist, der wird stumm am Wege stehen gelassen. Dann hoit ned!

Alois Hingerl, Dienstmann Nr. 172

Der bekannteste aller Grantler stammt zweifellos aus der Feder von Ludwig Thoma und der Kehle von Adolf Gondrell. 1911 veröffentlichte Thoma die Kurzgeschichte *Ein Münchner im Himmel*. Eine im Text leicht geänderte Hörfassung mit Gondrell als Erzähler und Stimme des Alois Hingerl, Dienstmann Nummer 172 am Münchner Hauptbahnhof, machte den Alois(ius) unsterblich – so unsterblich, dass der *Brockhaus* ihn zeitweise als echte Person führte. Wenn Sie es mit Oberbayern ernst meinen und den *Münchner im Himmel* noch nicht kennen, greifen Sie jetzt zum Lesezeichen und schalten Sie gefälligst Ihren Internetempfänger ein! Irgendwo findet sich sicherlich schnell ein Mitschnitt. Wenn Sie diesen gehört haben, lesen wir uns wieder.

Wir sind noch im Barock

Die Liebe zum Chaos

Die Wieskirche, das Kloster Ettal in Oberammergau und die Asamkirche in München sind nur die Spitze des Eisbergs, die leuchtendsten Glanzlichter auf einem strahlenden Bild. Man sollte sie als Zugereister zwar irgendwann einmal sehen, um mitreden zu können, aber Barock und Rokoko findet man flächendeckend in ganz Oberbayern. München kann mit einigen durchaus gelungenen Bauten des Historismus und Klassizismus nur versuchen, dagegen zu halten.

Gegenversuch zum Barock: historistische Fassade am Hauptgebäude der Ludwig-Maximilians-Universität, entworfen von Friedrich von Gärtner, nach dem der Gärtnerplatz benannt wurde

Auf der Wies: die »Wies«

Und selbst die barocken Gebäude sind nur die Visitenkarte eines Lebensgefühls. In ihren Räumen wandelt man frei wie in einem Garten, der Gang wird nicht durch lange, harte Linien und Flächen geführt. Überall wuchert das Leben. Man darf an tausend Details verweilen, Bedeutung in Allegorien suchen oder sie einfach ästhetisch genießen, darf zum Himmel aufblicken und sich als kleine, interessante Nebenrolle in einem gewaltigen Superheldendrama fühlen. Im Idealfall ist all dies so geschickt zueinander abgewogen, dass nicht der überwältigende Eindruck mächtiger Gotik entsteht, sondern der Einzelne sich als Teil des wunderbaren großen Chaos fühlen darf. Oberbayern macht sich den Himmel selbst.

Barock: ein epochales Gefühl Gerd Holzheimer fasst es schön zusammen: »Gemeinsame kulturelle Grundlage ist das Barocke: vitale Totalität, heitere Sinnenfreudigkeit, Schwung und Jubel, Farblust, mitreißende Hingabe an den Himmel und die Heiligen und die Nicht-ganz-so-Heiligen, das Spiel mit dem Spiel, selbst und gerade wenn es um die höchsten Dinge geht.« Deshalb sage ich, nicht nur weil es stimmt, sondern damit es stimmt: Oberbayern ist und bleibt im Barock; da können noch so viele neue nüchterne Industriehallen und Büro-Profitbauten ihre Drehkreuze öffnen.

> **Tipp**
> Gerd Holzheimers Zitat ist zu finden auf Seite 148 in der Aufsatzsammlung *Oberbayern. Vielfalt zwischen Donau und Alpen jenseits der Klischees.* Oberbayerns Bezirksheimatpfleger Norbert Göttler gab sie heraus. Wenn es nur ein einziges Buch sein soll, das ich Ihnen zur weiteren Lektüre für einen Einblick ins oberbayerische Herz an das Ihre legen darf, so ist es dieses.

Es ist, wie es ist

Theater, Kulisse, Schein

Gewöhnen Sie sich als Zugereister gleich daran: In Oberbayern scheint mehr möglich zu sein – und weniger wirklich. Woher das kommt? Die Liebe zum Schein, zum Spiel und zum Theater ist hier schon lange eine starke Triebfeder. Als echte/r OberbayerIn würde man z. B. auf Nachfrage (und nur dann!) immer behaupten, dass viel zu viel zu tun sei, sich aber auf keinen Fall beim Tun ertappen lassen. Nichts ist so, wie es scheint, und im Zweifels- oder Ernstfall ist es nicht so gemeint. So kann man sich aus jeder Affäre ziehen. Vorher gilt es halt, die Türen offen zu halten. Selbst die eigene, unverkennbare Ankunft wird relativiert: »I waar jetz då.« Ich wäre jetzt hier (siehe Kapitel 20). Auch der heiße Entschluss, etwas umgehend zu tun, wird kaum deutlicher geäußert als mit einem »Ich könnt dann jetzt«.

Die Welt eine Bühne Kein Wunder also, dass die Theaterbühnen die wahre Heimat der Oberbayern sind. Hier strahlt der Schein, hier wird mit dem Möglichen gespielt, hier wird der Ernst der Welt im Drama erörtert. Und im Zweifel zählt der Hintersinn mehr als die Fakten.

Kann die katholische Kirche hier vielleicht deshalb so gut punkten, sind die Oberbayern so religiös, weil sie das Theatralische lieben? Ist München vielleicht deshalb eine so begeisterte Theaterstadt? Und diese Begeisterung findet man keineswegs nur hier. Das Schlierseer Bauerntheater wurde schon im 19. Jahrhundert weltbekannt. Es zog mit Musik, aber noch weitgehend ohne Kitsch die Aufmerksamkeit von Touristen auf sich. Denn für die war es von Anfang an auch gedacht. Der Erfolg in Deutschland war damit so groß, dass der Ruf über den Atlantik ging und Hunderte von Aufführungen, unter anderem bei der Weltausstellung in Chicago, das Ensemble vom Schliersee in die Welt und rund um sie führten.

Schöner Schein bei der Einfahrt nach München, hier auf Höhe der Donnersbergerbrücke

Bayerns Bezirke

Um Oberbayern und die Oberbayern zu verstehen, lohnt sich vielleicht der Vergleich mit den umliegenden Regionen und Bezirken. Am ähnlichsten sind wohl die Niederbayern. Man versteht einander weitgehend, klingt für Zuagroaste auch nahezu identisch und streitet sich darüber, wer denn nun die bayerische Leitkultur in Reinform verkörpere. Schließlich singt man ähnliche Lieder, ärgert sich über Ähnliches und hat denselben Arbeitgeber, nämlich die BMW. Zu Altbayern zählt neben diesen beiden Bezirken aber auch noch die Oberpfalz, die außer lange zurückliegender gemeinsamer Geschichte mit dem heutigen Rheinland-Pfalz nichts zu tun hat. Doch dort spricht man bereits eine so eigenartige, mystisch dunkel klingende Form des Bairischen, dass sich viele Ober- und Niederbayern gar nicht in die Nähe der Oberpfalz trauen. Vielleicht hat das o- und u-lastige Oberpfälzisch zu dem Vorurteil geführt, dass die Menschen hier noch öfter granteln als im Rest des Freistaats. Ungezählt sind die Bücher von Oberbayern oder aus Niederbayern oder der Oberpfalz Zugezogenen, die behaupten, dass all die Vorurteile und Klischees nur erfunden seien und nichts ferner läge.

Außerhalb von Altbayern Kommen wir zum Rest der Welt: Schwaben und Franken. Der Bezirk Schwaben ist für Oberbayern so etwas wie der verlässliche Nachbar, von dem man sich mal etwas aus einem Augsburger Museum leiht und dem man ein paar Touristen ins Allgäu rüberschickt. Verstehen muss man den Nachbarn ja nicht. Man winkt sich aber freundlich über den Lech zu.

Anders sieht es mit den Franken aus. Die drei (Ober-, Mittel- und Unter-) würden gern in ein eigenes Bundesland umziehen und hängen trotzdem dauernd am Marienplatz rum. Sie sind ruhiger, zielstrebiger und unnachgiebiger, dabei aber höchstens passiv-aggressiv. Stille Macher, die am heimischen Herd nörgeln und ziemlich neidisch sind. Das einzige Volk der Welt, das seinen eigenen Dialekt nicht schön findet.

Als weltanschaulich beweglicher, offenherziger und toleranter Oberbayer empfindet man die Franken eher wie einen kleinen, undankbaren Bruder, der einem ständig den Spaß verdirbt, und vergisst dabei, dass die Franken in Wirklichkeit der ältere und einst viel größere Bruder waren, den man nach seiner teuren Scheidung in die WG aufgenommen hat. Seit dieser Sache zwischen diesem Franken Karl dem Großen und unserem bayerischen Herzog Tassilo ist die Beziehung schwierig.

Fremde Wesen Bleiben außer den Brüdern im Geiste, den Österreichern und den fernen Cousins, den Südtirolern, nur noch alle anderen. Das sind die Preußen oder besser gleich Preißn. Ein komisches Volk; denen geht Vernunft über Herz. In (Ober-)Bayern siegt hingegen natürlich immer Herz über Vernunft. Wie lässt sich manches Wahlverhalten sonst historisch erklären (siehe Kapitel 29)? Die preußische Vernunft ist ja gar keine Vernunft, so unbeweglich, starr, regelversessen und institutionenhörig. In Bayern kommt der Staat erst viel später, so denkt man hier über die Unterschiede zwischen den Hiesigen und Preußen. Die Legende besagt, man habe Preußen vor allem seit dem »Siebzger«, dem Krieg 1870/71, verabscheuen gelernt. Ich habe allerdings die starke Vermutung, dass der bayerische Preußenhass eigentlich nur eine umgelenkte Frankenwut ist: die da im Norden mal wieder!

Typischer norddeutscher Tourist

24 Überschätztes und Unterschätztes

Alles doch nicht so gut/schlecht?

Oje, jetzt setze ich mich in die Nesseln. Wie kann ich nur mein schönes Nest beschmutzen! Aber als zugereister Leser sind Sie ja wohl noch nicht lokal- und regionalpatriotisch genug gesinnt, dass Sie mir einen Strick draus drehen werden, wenn ich nun sage: Manches ist hier doch nicht so doll, wie man – vor allem als Hiesiger – denkt. Mich beruhigt ein wenig, dass man schon lange vor mir diese Erfahrung machte. Bereits 1878 konstatierte Karl von Perfall unter dem Pseudonym Theodor von der Ammer: »Doch findet auch in München der Fremde die Gemütlichkeit nicht so schnell, als er glaubt. Der Droschkenkutscher jodelt nicht, der Gendarm hat keine Wadenstrümpfe und tanzt keinen Schuhplattler! Namentlich Norddeutsche sind solche Gemütlichkeitsforscher.« Da hat er auch nach fast 150 Jahren immer noch Recht.

Da ginge noch mehr Ich zähle jetzt einfach frei heraus auf: Überschätzt wird die Überlegenheit des Münchner Bieres – und unterschätzt jene der Brauereien auf dem Land. Überschätzt wird die Qualität des durchschnittlichen Biergarten- und Wirtshausessens, das sich zu oft im Convenience-Regal bedient. Überschätzt wird, wie oft man tatsächlich wirkliches Bairisch hört. Außerdem kann es zumindest in der Landeshauptstadt wundern, dass die ernste Musik keine größere Rolle spielt. Gewiss, hier gibt es eines der besten Opernhäuser der Welt, Konzerte mit den besten Künstlern sowie Musik für jeden Geschmack. Aber im Vergleich dazu, was alles auf Theaterbühnen, in Galerien und den unzähligen Museen geboten wird (jeweils unterschätzt!), fällt schon auf, dass München in Summe keine ausgesprochene Musikstadt ist.

Wirklich so schlimm? Damit habe ich auch schon die andere Waagschale erwähnt. Wo überschätzt wird, wird glücklicherweise auch unterschätzt. Man unterschätzt in Oberbayern leicht das Alter der Orte und Städte (siehe Kapitel 72), die Dichte des Verkehrs (in Berlin ist leichteres Durchkommen als in München), die Segelmöglichkeiten auf diversen Seen (gerade für Zuziehende von der Küste oder von einschlägigen Seenplatten interessant), den kulturellen Reichtum der Provinz sowie den leisen, feinen Humor. Auch wird man staunen, wie viele Schriftsteller auf irgendeine Weise mit Oberbayern verbandelt sind. Und wer es nicht schon am Begriff »Isar-Athen« geahnt hat, wundert sich, wie schnell man hier mit Tresenbekanntschaften ein Gespräch über Vergils *Aeneis* im Original führen kann. Und man mag trotz seines Rufes tatsächlich noch unterschätzen, wie friedlich sich Oberbayern im Alltag tatsächlich anfühlt.

Der Friedensengel, erkennbar am Ölzweig. Andernorts heißt so was Siegessäule, in München von Anfang an Friedensdenkmal. Solche kleinen Worte machen den Unterschied.

25 In Oberbayern Weltberühmtes
Da klingelt jetzt nix

Kennt doch a jeder! Man wundert sich hin und wieder, vor allem als Zugereister, was man trotzdem nicht kannte. Nicht jeder kann im Schlaf den Unterschied zwischen Hackbrett und Zither erläutern. Selbst in den umliegenden Bundesländern hat noch nicht jeder von der Wollwurst gehört.

Das Maximilianeum kennt doch auch jeder, oder? Opernliebhabern wird der Stil bekannt vorkommen, er stammt nämlich von Semper. Politisch Beflissenen ist das Gebäude vielleicht noch leise vertraut, denn hier tagt der Bayerische Landtag. Aber der Prachtbau, der hoch über der Isar thront und von da die Altstadt überblickt, war ursprünglich als Studentenwohnheim entworfen, um »talentvollen bayerischen Jünglingen jeglichen Standes die Erreichung jener Stufe wissenschaftlicher und geistiger Ausbildung zu erleichtern, welche zur Lösung der höheren Aufgaben des Staatsdienstes erforderlich ist«. Das begehrte Stipendium verlangt hervorragende Schulleistungen. Die Herkunft ist ebenso strikt geregelt. Für Anwärter von außerhalb Bayerns gibt es nur in Teilen der Pfalz und Saarpfalz Ausnahmen, die sich bestimmt irgendwie historisch begründen lassen. Auch gewisse Studienfächer sind ausgenommen, nämlich Medizin und Theologie, sofern man diese studiert, um in den Kirchendienst einzutreten. Zu vergangenen Stipendiaten zählte natürlich Franz Josef Strauß. Dass man nicht auf den anschließenden bayerischen Staatsdienst festgelegt ist, beweisen zudem der Physiker Werner Heisenberg und der Schriftsteller Carl Amery.

Nike auf dem Maximilianeum mit Lorbeerkränzen für die beiden Jahrgangsbesten

Rekorde

Zahlen, bitte!

Dass in Oberbayern alles super ist, ist klar. Einige konkrete Rekorde sind dennoch interessant. Wir haben mit der Zugspitze den höchsten Berg und mit dem Königssee den tiefsten See Deutschlands – aber mit dem Watzmann auch den schönsten Berg der Welt und mit dem Funtensee den kältesten See Deutschlands: 2001 wurden –45,9 Grad Celsius erreicht.

Der wolkenkratzende Watzmann

Das ist mal ein Berg! Der Watzmann selbst kann gleich mit mehreren Rekorden aufwarten. Die Watzmann-Ostwand ist mit fast zwei Kilometern nicht nur die höchste Wand der Ostalpen, der ganze Berg wurde 2014 von den Lesern der ältesten Bergsteiger-Zeitschrift der Welt (sie heißt *Bergsteiger* und erscheint – und das ist nun wirklich Zufall – im gleichen Verlagshaus wie dieses Buch) zum allerschönsten Berg der Welt gewählt. Noch vor den Drei Zinnen in den Dolomiten; das will was heißen!

Und zwischen unseren beiden bekanntesten deutschen Bergen, der Zugspitze im Westen und dem Watzmann im Osten, finden sich allerlei Rekorde: Hier gibt es die meisten Pilzvergiftungen pro Kopf, aber das höchste

Bruttoinlandsprodukt. Geld für vertrauenswürdige Pilzdealer wäre also eigentlich da. Wir haben die meisten Feiertage pro Jahr, die wenigsten Straftaten pro Kopf und in Starnberg die höchste Lebenserwartung. In der Almbachklamm bei Marktschellenberg befindet sich Deutschlands letzte Marmorkugelmühle, in Paterzell (Wessobrunn) der größte Eibenwald Deutschlands. Seien Sie vorsichtig beim Besuch: nicht zubeißen; Eibenholz ist giftig.

Gell, Miss Liberty, da schaust! Europas erste »Kolossalfigur« seit der Antike ist die Bavaria an der Theresienwiese in München, entstanden zwischen 1843 und 1853. Die Freiheitsstatue in New York folgte erst 1886. Sie ist 18,5 Meter hoch von Wuchs, trägt aber einen hohen Absatz, der sie auf eine Gesamthöhe von über 27 Meter bringt. Ihrem Auftraggeber, Ludwig I., war die Ruhmeshalle, welche die Bavaria bewacht, das eigentlich Wichtige,

Europas größter Geschirrmarkt: die Dult

denn hier sollen besonders verdiente Bayern verehrt werden.

Noch bekannter als der größte Geschirrmarkt Europas ist jenes bekannteste Volksfest der Welt: das Oktoberfest. Bitte nennen Sie es aber nicht so! Wenn Sie einheimischer klingen möchten, sprechen Sie ab jetzt nur noch von der Wiesn. Und schreiben Sie nicht »Wies'n«! Mit dem Apostroph soll ja angezeigt werden, dass da etwas fehlt – wie bei »hat's«. Aber das Bairische ist schon richtig so, wie es ist; da fehlt nix!

Oktoberfest in Tempe, Arizona

Ein festiver Exportschlager Auch in der trockenen Wüste Arizonas – oder gerade dort – beliebt: oberbayerische Bier(fest)kultur. Dass allerdings mit dem Bierlieferanten Weltenburg in Niederbayern und mit jährlich entsandten, hervorragenden Musikern aus Tempes Partnerstadt Regensburg die Oberpfälzer mit im Boot sind, soll nicht weiter stören, tragen Letztere doch dazu bei, dass dieses Oktoberfest klanglich authentischer wirkt als manche, ebenfalls Oktoberfest genannte, pseudofolkloristische Bedudelungsveranstaltung in Norddeutschland. In das bekannteste Wirtshaus der Welt kommen zwar Touristenmassen, die man ganzen unterbesuchten Ländern gönnen würde, doch treffen sich hier nach wie vor nur noch vom Hofbräuhaus selbst zählbare Stammtische. Es gibt Schlimmeres.

Nirgendwo in der Welt gibt es mehr Trachtenvereine. Oberbayern kann außerdem stolz 46 Gebirgsschützenkompanien vermelden. Da sind wir beruhigt. Burghausen müsste eigentlich Burgstätten heißen, denn die Burg ist mehr als einen Kilometer lang, 1051 Meter, um genau zu sein. Weltrekord für eine Burganlage! Wie es sich für eine Burg gehört, hat sie viele Türmchen und Zinnen, aber auch gleich mehrere Museen. Mit ihren Ausmaßen gelang es ihr, nie komplett erobert worden zu sein.

Versteckt, aber lohnend In Oberbiberg befindet sich Deutschlands älteste Kegelbahn, und zwar beim Wirtshaus Kandler, das aus noch ganz anderen Gründen einen eigenen Besuch wert ist – auch wenn es mir das Herz bricht,

Natürlicher Weichzeichner: das Hofbräubier

nun noch mehr Mitesser am Sonntag hierher zu locken. In München wurde das erwiesenermaßen schönste Auto der Welt gebaut, und zwar im Geburtshaus von Karl Valentin. Bitte? Was ist denn das für eine Geschichte? Hier die Daten zum Beleg: Es geht um die Zeppelinstraße 41 in der Au, direkt beim Deutschen Museum. Am 4. Juni 1882 wurde hier Valentin Ludwig Fey geboren, der uns als Karl Valentin bekannt werden (und tunlichst noch sein) sollte. Ach, und hier hatte wohl BMW eine spezielle Designabteilung? Nein, kein BMW, ein Bugatti Type 41! Das Bugatti Royale Cabrio kann heute in Michigan im Henry Ford Museum bewundert werden. Seinerzeit war es noch üblich, dass Automobilbauer den entscheidenden Unterbau lieferten und die maßgefertigte Karosserie dazu von Spezialisten gefertigt wurde. 1932 erhielt die Firma Weinberger Karosseriebau in der Zeppelinstraße 41 einen Auftrag. Aus Molsheim im Elsass wurde also das Chassis in die Au gerollt. Weinberger nahm Maß für den Nürnberger Arzt Joseph Fuchs, der sein schönes Auto schließlich mit ins Exil nahm – über die Schweiz, Shanghai, Kanada bis nach New York, wo man es schließlich auf einem Schrottplatz in der Bronx fand.

Lauter Ausnahmeerscheinungen München hat Deutschlands größte Volkshochschule und Stadtbibliothek. Gerade die Musikabteilung darin sucht ihresgleichen. Im ältesten Bergobservatorium der Welt auf dem Hohen Peißenberg observiert man vor allem das Wetter. Die meisten Dinge, die mit Mäusen und Ratten zu tun haben, nämlich 27 623 Objekte (Stand 2018), besitzt Christa Behmenburg aus Neufahrn. Die weltgrößte Kunstuhr findet man beim Gocklwirt in Baierbach bei Stephanskirchen am Simssee. Josef Greß, ein einfacher Bub aus Trosendorf (na gut, aus der Oberpfalz) hat sich autodidaktisch zwischen 1879 und 1881 unzählige Komplikationen ausgedacht. Die vielen Zifferblätter, Zahnräder und Figuren summieren sich auf ein Gewicht von über einer Tonne. Der rückwärts laufende Sekundenzeiger soll uns noch einmal darauf hinweisen, dass unsere Zeit abläuft. Josef Greß selbst wurde nicht einmal 27 Jahre alt.

Gar nicht so gemeint II

Liberalitas Bavariae

27

Gerhard Polt antwortet auf die Frage »Sind Sie tolerant?« mit »Für meinen Bedarf glangt's.« Viele stimmen ihm zu und verstehen ihn damit leider falsch. Als typischer Preiß muss ich jetzt mal den Witzeerklärer geben: Das sagt nicht er selbst, sondern er legt das einer Figur in den Mund. Zefix! Wås glaam denn Sie? Die Bayern waren schon tolerant, bevor es die Preißn überhaupt gab! Mit der – allerdings nur von Bayern – viel gerühmten Liberalitas Bavariae hat es eine seltsame Bewandtnis, denn sie bedeutet eigentlich etwas anderes und wird auch anders geschrieben, nämlich Liberalitas Bavarica. So steht es seit der ersten Hälfte des 18. Jahrhunderts über einem Kirchenportal am Augustiner-chorherrenstift in Polling. Da bedeutete es aber noch Freigebigkeit, genauer gesagt die der großzügigen Stifterfamilie. Der Ausdruck wendet sich also nicht gegen Intoleranz, sondern gegen Geiz. Erst nach dem Zweiten Weltkrieg deutete man dies um in jene Liberalitas Bavariae, die also nicht mehr typisch bayerisch, sondern zu Bayern gehörig ist. Auf dem Weg über Begriffe wie Gastfreundschaft, Freundlichkeit, Humanität und Freizügigkeit verschob sich der Ausdruck von einer Rede zur nächsten, in der er zitiert wurde. Man sucht es sich halt aus und macht sich die Welt, wie sie einem gefällt.

Oberbayerische Nachsicht Liberal sein heißt tolerant sein: Man darf seine Meinung haben; man muss nur mit den Konsequenzen rechnen. Die Konsequenz kann darin bestehen, angegrantelt zu werden. Maßkrugschlägereien haben dafür deutlich nachgelassen, seit sich das Pfandmarkensystem in den Biergärten verbreitet hat und kaum noch jemand mit einer Mass in der Hand auf der Straße anzutreffen ist. Leben und leben lassen, nachsichtig sein – auch bei der Strafverfolgung. Wozu hat man seine Spezln? Skandale, Geldversteckereien, Geschummel auf allen Ebenen – in Oberbayern hat man dafür manchmal sogar Lob übrig. Der gänzlich Reine ist doch nicht ganz sauber! »A Hund isser scho!« ist als Lob gemeint.

Das Haar macht die Musik? Die Arbeit der bayerischen Polizei wurde in letzter Zeit von verschiedenen Seiten unterschiedlich rezensiert. Positiv bewertete man zum Beispiel die Öffentlichkeitsarbeit der Münchner Polizei unter

Abtei in Polling

ihrem leitenden Pressesprecher Marcus da Gloria Martins. Der ist aber auch am Rhein aufgewachsen. Ein immerhin promovierter Freund mit beneidenswert aktivem Haarwuchs, der auch als fescher Gastforscher oder Filmschauspieler aus Portugal durchgehen könnte, hat mir hingegen versichert, dass er es in München deutlich schwerer habe als in anderen deutschen Großstädten. Er werde mit seiner Frisur und seinem wenig skandinavisch-nordalpinem Äußeren merklich häufiger um Personalien gebeten und missäugt. Ich glaube es ihm und hoffe, dass auch er ein Buch schreibt; zumal er nach gerade mal ein paar Jahren in der Bundesstadt Bonn wieder nach München zurückgezogen ist. Immer, wenn ich in Berlin oder Hamburg bin, scheinen mir die Uniformierten dort jedenfalls wesentlich angespannter und hochgerüsteter zu sein als in Oberbayern.

Freundlicher Grimm Falls Sie sich hier mal nicht so willkommen fühlen, liegt das vielleicht an einem kulturellen Missverständnis und ist gar nicht so gemeint. Im Gegenteil! Es ist ein wenig wie beim Begrüßungstanz der Maori, dem Haka: Man gibt sich dem Fremden gegenüber mit allerlei Grimassen und wüsten Worten garstig. Wenn der das aushält und sich somit als würdig erweist, heißt man ihn umso herzlicher willkommen. So erklärt sich das etwas missmutige Gesicht, das manche machen, wenn man sich im Biergarten dazusetzt. Die freuen sich nämlich eigentlich, wollen einen aber erst testen.

Wenn Sie mal auf die Kampenwand wandern, kommen Sie vielleicht am Haus des Designers Nils Holger Moormann vorbei. An seiner Hofeinfahrt steht eines dieser typischen Schwarzweiß-Schilder, wie sie überall stehen: »Ausfahrt freihalten!« Ach nein, steht da ja gar nicht. Stattdessen liest man »Freiheit aushalten!«

Leicht gesagt!

Verbote

Eine Hassliebe

28

Eine der ersten Sachen, die einem beim Herziehen auffällt: Es gibt in Oberbayern mehr Verbotstafeln und speziell eingerichtete Zonen für nur dort Erlaubtes als anderswo. Hier ist Grillen verboten, dort Nacktbaden erlaubt, hier darf man keine Fahrräder anlehnen, gegenüber nicht mal abstellen, dieser Privatweg ist nur für Anwohner, eigenes Essen nur am Nachbartisch erlaubt, Golfspielen auf dieser Fähre verboten etc. etc. Gerade dort, wo man sich endlich mal von den Zwängen des Alltagsstresses befreien will, nämlich an Badeseen, in Flussnähe, auf Wiesen und Bergen, scheint eine alteingesessene oberbayerische Handwerkszunft der Schildermaler und -präger mit den Ortsvorständen unter einer Spezl-Decke zu stecken und lässt sich immer neue Aufträge zuschustern.

Ich kann das ja verstehen. Mir zum Beispiel geht Zwangsbedudelung ungeheuer auf den Keks. Als ich in einem anderen Bundesland einmal die dortigen Verkehrsbetriebe fragte, ob man nicht in den Straßenbahnen ein kleines Verbotsschild aufhängen könnte, das Musikhören nur über Kopfhörer erlaubt, stieß ich zwar auf großes Verständnis, erhielt jedoch die Antwort: »Ja, das ist uns bekannt und seit Einführung dieser neuen, leistungsstarken Bluetooth-Lautsprecher auch ein großes Problem; wir würden es wirklich gerne verbieten. Aber man kann ja nicht anständiges Benehmen befehlen.« In diesem Ort gibt es auch keinerlei Schilder für oder gegen Grillen und Nacktbaden.

Viel Schild, viel Ehr In Oberbayern sieht es anders aus. Was man verbieten kann, das tut man auch. Spricht hier fehlendes Vertrauen? Oder schlechte Erfahrung? Oder gar ein Hass auf Selbstdenker? Oder steckt dahinter gar irgend so eine Steuer- oder Versicherungsrechtsgeschichte? Ich habe eine andere These: Man braucht die Verbote, damit man sich als aufrechter Mensch darüber hinwegsetzen oder sie ignorieren kann. Verbote sind nämlich was für Preußen, die nicht mit dem eigenen Hirn oder Herz, sondern nach Regeln entscheiden. Viel Feind, viel Ehr! Ein ganzer Mensch hingegen wird das Verbot als Angebot zur Interpretation wahrnehmen und sich entweder sagen: »Ja, freilich. Wär ja noch schöner!« oder »Na, für

Auch ein einladender Schilderwald hat in der »freien Natur« etwas Abschreckendes.

uns gilt das heute ja nicht.« So war es zur Überraschung vieler auch die bekannte, traditionell-konservative bayerische Partei, die letztens einen Streit darüber, was nun genau unter »Badekleidung« und »nackt« zu verstehen sei, erfreulich praxisnah zu einem menschenfreundlichen Ende führte.

Die Macht des Paradoxen

Gegensätze schließen sich nicht aus

29

Weiter oben (in Kapitel 19) behauptete ich, dass Bairisch eine polynesische Sprache sei. Das ist natürlich Quatsch. In Wirklichkeit ist sie mit ostasiatischen Idiomen verwandt. Dies zeigt sich schon oberflächlich am Klang gängiger bairischer Glaubensbekenntnisse und Mantras wie »Scho schee«, »Fei scho« und »Ja mei«, aber auch inhaltlich in der Abneigung einem allzu klar geäußerten Nein gegenüber. Letzteres geht mitunter so weit, dass man sich gleichzeitig mit vollem Herzen zu Gegensätzlichem bekennt. Man betet inbrünstig zu Heiligen, die einem ansonsten völlig wurscht sind. Man trinkt dunkles Weißbier. Würde man den »echten Oberbayern« fragen, so würde er stets behaupten, immer in einfachen Worten ehrlich und geradeheraus zu sagen, was der Fall ist. Dass hingegen das Gegenteil der Fall ist, wird durch den Satz selbst ja erfreulicherweise sogar bestätigt.

Mitten in der Stadt. Seltsam.

Realität wird überschätzt Normalität, Beweishaftigkeit, Tatsachen sind des Oberbayern Sache nicht. Er vertraut auf die Macht des Möglichen, auf Chaos und Öffnung. Dahinter steckt »die Skepsis gegenüber einer Wirklichkeit, der man sich schon stellen würde, wenn man sich trauen könnte, wie tief man in der Seele fühlen täte, sollten die Umstände entsprechend sein«. So fassen es Richard Loibl und seine Mitautoren zusammen. Wer genau welches Wort geschrieben hat, wird auch hier wieder nicht deutlich gesagt. Noch über das Widersprüchliche hinaus erhebt sich krönend das Paradoxe, das sich einem logischen Zugriff nun endgültig entzieht und gerade dann Unfassbares, aber Wesentliches sagt, gerne auch in Frageform: »Griaßdi, bist aa scho dä?«

Sogar in Glaubensfragen Versteht man diesen Zugang zur Welt, so lernt man als Spiel zu erkennen, was Außenseitern wie Verbohrtheit vorkommen könnte. Kein Beispiel dafür, aber durchaus verwandt damit ist der Zugang zur Religion und zum Aberglauben. Oberbayern ist so katholisch, weil das Thema letztlich nicht so wichtig ist. Klingt paradox, is' aber so. Auch wurde der Katholizismus nicht von Süden, sondern von Nordwesten eingeschleppt,

Allerorten Erleuchtung in Oberbayern

nämlich von irisch-schottischen Missionaren. Die kamen nicht zufällig, sondern wurden als externe Berater eingeflogen. Vielleicht haben sie auch das in Bayern beliebte Karomuster mitgebracht? Nein, das haben schon viel früher die Kelten hiergelassen; vielleicht ist es auch einfach nur leichter zu weben als Dreiecke.

Auf erstaunliche Weise ähneln die Unterschiede im Denken und Fühlen zwischen (Ober-)Bayern und Preußen, München und Berlin jenen zwischen Neapel und Mailand, wie sie Luciano De Crescenzo in *Also sprach Bellavista* so entzückend darstellt und letztlich auf ein Begriffspaar reduziert: Liebe vs. Macht. Ich hoffe, die Staatskanzlei kennt das Buch.

Ein Club ohne Hooligans

Der Alpenverein

30

Welches ist der größte Verein der Welt? Na klar, Bayern München! Bei 291 000 Mitgliedern im Verein und nochmal 350 000 in den Fanclubs kann auch Benfica Lissabon seit Kurzem nicht mehr mithalten. Aber eigentlich müsste der Deutsche Alpen-

verein führen. Dass er es nicht tut, liegt daran, dass man nicht direkt Mitglied ist, sondern einer seiner Sektionen an-gehört. Von denen gibt es mehr als 350, deren gesamte Mitgliederzahl sich auf fast 1,3 Millionen addiert. Die Hälfte der Sektionen befindet sich in Bayern, die beiden größten sind mit Abstand »Oberland« und »München« (gleichauf mit je ca. 140 000 Mitglie-dern). Allein in Oberbayern sind damit mehr Menschen mittelbar Mitglied im Alpenverein als bei Bayern München.

Auch für spartanische Hütten-immobilien zählt nur: Lage, Lage, Lage.

Aber mit Geschichte! Wie kam es dazu? Obwohl es in den Bayerischen Al-pen keine Heiligen Berge gibt und Bayern Nachzügler ist, was das Gipfel-besteigen anbelangt – nach Höherem strebende Italiener und wettkampf-begeisterte Engländer ließen sich früher anstecken – steht doch mittlerweile eine halbe Million Menschen jährlich auf der Zugspitze, die sie allerdings meist in Zug und Gondel erreicht. Der Trend begann schon vor über 200 Jahren. Mit der Erstbesteigung des Watzmanns 1800 gelang dem Theologiestudenten Valentin Stanig die erste Hochbesteigung überhaupt. Auf der Zugspitze stand 1820 Josef Naus; aber erst von ihm weiß man es sicher. Bereits 1853 konnte es ihm Karoline Pitzner als erste Frau nachma-chen. Nachdem kurz darauf London 1857 und Österreich 1862 Bergclubs gründeten, sah man auch im bürgerlichen München die Stunde geschla-gen. 1869 wurde der Alpenverein gegründet. Seit der Gründung gab es immer wieder Diskussionen darum, wie sehr den Menschen der Weg

Ein alpiner Wanderweg ohne Beschilderung? In Oberbayern kaum noch vorstellbar

erleichtert werden soll. 1895 trat mit dem Bekenntnis »Die Menge soll nicht auf den Gipfel gelockt werden« eine große Zahl der »Hochtouristen« aus.

Doch die Massen waren nicht in der Ebene zu halten. Schon vor dem Ersten Weltkrieg kam jährlich eine Million Touristen nach Oberbayern; bereits 1911 schaute man stolz zurück und eröffnete das Alpine Museum.

Erste Schritte nach oben In Zeiten der Gletscherschmelze wird sanfter Bergtourismus immer wichtiger, nicht nur, weil dem Ski der Schnee fehlt, sondern auch dem Gondelmast der Halt im Fels. Gehen Sie bedacht voran und meiden Sie in jedem Fall gesperrte Bereiche! Wo die Gipfel tauen, löst sich auch Gestein. Kaum ein Verbotsschild in Oberbayern ist so ernst zu nehmen wie alpine Warnhinweise (siehe Kapitel 28).

Auch ohne Berg- und Kletterwissen und Erfahrung kann man dem alten Olympiastadion aufs Dach steigen. Man läuft dann angeseilt über das Zeltdach.

Einen sehr guten Überblick über potenzielle Besteigungskandidaten wie auch über die eigene Höhenmeterkondition kann man sich auf dem Hohen Peißenberg machen. Wirklich hoch ist er nicht, er verfehlt knapp die 1000 Höhenmeter, aber das Panorama zeichnet sich durch ein günstiges Preis-Leistungs-Verhältnis aus. Schon früh erkannten dies auch Wetterforscher, die seinen Gipfel mit allerlei Gerätschaften ausstatteten. Dies führte zum Spitznamen *mons doctus*, gelehrter Berg. Heute noch gilt diese Einrichtung als weltweit ältestes Bergobservatorium. Auf der sonnigeren Südseite haben sich Menschen angesiedelt und ihren Ort naheliegend Hohenpeißenberg genannt, was uns heutzutage die Navigation dorthin erleichtert.

Almen samt Abtrieb

Geschmückt bergab

31

Wer es nicht durch Promistatus zum begehrten Partyevent »Almauftrieb« auf die Wiesn geschafft hat, kann sich damit trösten, zum Almabtrieb in die Berge zu gehen. Ist ohnehin schöner. Man ist an der frischen Luft, die meisten Teilnehmenden tragen Blumenschmuck im Haar oder vor der Brust und geben ähnliche Geräusche von sich. Was passiert da? Fast 20 000 Tiere verbringen den Sommer auf über 700 Almen. Den Unterschied in der Unterkunft kann man in der Milch sogar schmecken, aber das ist ja nicht der ausschlaggebende Grund.

Auch ohne Abtriebs-Schmuck eine Augenweide

Am Ende des Sommers, um Michaeli, am 29. September herum, kehrt das Vieh wohlgenährt, festlich geschmückt und unter lauter Gebimmel zurück ins Tal und in den Stall. »Aufkranzen« nennt sich das Schmücken; der Krach soll böse Geister fernhalten. Dieser Brauch, das Vieh geschmückt ins Tal zurückzuführen, ist schon seit Ewigkeiten belegt.

Am Tag des Abtriebs ist alles dabei, was ein bayerisches Volksfest ausmacht: Biertische, Alphorn- und sonstige Blasmusik, plattelnde Trachtler. Der Almabtrieb am Königssee ist ein besonderer Hingucker. Die Kühe dürfen Holzboote besteigen und werden über Oberbayerns schönsten Fjord getuckert! Da sie hier nicht selbst gehen müssen, heißt der Almabtrieb im Berchtesgadener Land »Hoamfahrn«. Im benachbarten Allgäu nennt man die Aktion Viehscheid, denn die Herde, die sich oben einen schönen Sommer machte, war nur eine zusammengewürfelte Ausflugsgruppe und muss nach ihrem Bergurlaub auf ihre Heimathöfe aufgeteilt, geschieden werden.

Was um den Hals der Tiere baumelt und klingt, sind übrigens keineswegs Glocken, sondern Schellen. Wer beim Schiller-Gedichte-Lernen in der Schule aufgepasst hat, weiß, dass man Glocken gießt. Schellen hingegen schmiedet man. Daher klingen sie auch etwas blecherner.

32 Unterstützt aufwärts
Danken Sie den Kabeln!

Als Zugereiste sind die meisten nicht auf die vielen Höhenmeter vorbereitet, die sie nun jedes Wochenende in die Alpen locken. Für alle, die es besonders leicht haben wollen: Erwandern Sie die Ilkahöhe bei Tutzing! Die gilt auf dem Papier als Gipfel, liefert auch Gipfelgefühl, der Weg hinauf ist aber nicht viel mehr als ein kleiner Spaziergang. Und er lohnt mit dem schönsten Ausblick: vor einem nur das Wasser des Starnberger Sees, dahinter präsentiert sich eine Prachtauswahl der schönsten verfügbaren Gipfel.

Wer sich die Sache erleichtern will, hat mehrere Möglichkeiten, die Potenzialenergie einzukaufen statt die eigene Kraft einzusetzen. Immer beliebter werden elektrisch unterstützte Mountainbikes. Das ist natürlich toll.

So ist's recht: aus eigener Kraft mit dem Rad auf den Berg

Aber das ist gleichzeitig das Problem: Jetzt kann jeder auch entlegene Trails im Gebirge erkunden, dem sonst die Puste schon bei Gegenwind im Flachland ausging. Den Ruf nach Vollversorgung mit Aufladestationen an allen Alpenvereinshütten und -almen konterten die wichtigsten Sektionen des traditionellen Bergwanderclubs (siehe Kapitel 30) mit einem entschiedenen Nein. Die Hütten sind ohnehin schon überfüllt. Außerdem reiche der Strom kaum zum Wasserheizen für die Warmduscher.

Vertikales Gondelfahren Noch bequemer reist man natürlich in Sessellift oder Gondel himmelwärts. In diesem Fall sind die Bergstationen vorgewarnt und gut ausgestattet. Einsamkeit darf man hier nicht erwarten. Oder doch? Ja, wenn man nämlich diesen ersten Aufschwung nur als verlängerte Anfahrt sieht, nicht als letzte Gipfeletappe. Wundern Sie sich also nicht, wenn Ihnen frühmorgens im Lift gut beseilte Hochalpinisten begegnen! Die haben noch was vor.

Unterwegs mit der Kampenwandbahn; links Schloss Hohenaschau

Horizontales Gondelfahren Wenn Sie zwar liebend gerne mit der Gondel fahren, aber solche Höhenangst haben, dass kein einziger Höhenmeter zurückgelegt werden darf, so seien Sie auch hier beruhigt: Dazu muss man auf keinen Gipfel. Das geht auch auf dem Wörthsee und im Nymphenburger Park, und zwar in einer echten venezianischen Gondel. Das macht schon mal was her, ist aber noch kein Vergleich dazu, wie es die Adligen seinerzeit hier »krachen« ließen, als die Wasserbecken und Kanäle im Park und zwischen Nymphenburg und der Residenz in der Altstadt noch mit allerlei Lustgefährten und dienstbaren Geistern in Servicebötchen bevölkert waren. So gab es zum Beispiel auch einen Geschirr- und Besteckkahn. Es wurden zu besonderen Anlässen – oder wenn einem gerade danach war – sogar Seeschlachten nachgestellt. Die feine Gesellschaft schaute auf dem Festboot zu, wie sich die Dienerschaft mit allerlei Radau, gespielt fremdländischem Hurra und Schwarzpulver Gefechte lieferte, die sogar hin und wieder Todesopfer forderten. Das waren noch Zeiten.

33 In Oberbayern residiert's sich gut
Von großen und wichtigen Bauten

Wenn Sie als Zugereister das nötige Kleingeld mitbringen, bietet sich eine der vielen großzügiger geschnittenen Immobilien im Lande an. Denn in Oberbayern residiert es sich sehr gut in allerlei Arten von Palästen, Schlössern und Burgen. Leider sind viele jedoch entweder in Freistaatshand oder werden als Museen missbraucht. Hier nun eine kleine Übersicht über ein paar besonders gelungene oder aus anderen Gründen sehenswerte Exemplare, falls Sie doch mittelfristig auf den Geschmack kommen wollen.

1. Burgen Andere Gegenden sind für ihre vielen Burgen irgendwelcher Landgrafen und Kleinritter bekannt. Villen dieser besonders robusten Art, die gut für Verteidigungszwecke eingesetzt werden konnten, sind in Oberbayern nicht ganz so dicht gestreut, denn die Wittelsbacher wollten keine potenziellen Lokalpotentaten. Verteidigung ist nur nach außen nötig.

Der Rupertiwinkel ganz im Osten Oberbayerns stieß erst spät aus dem Salzburgischen zu uns. Die über der dortigen Stadt Tittmoning gelegene gleichnamige Burg stammt aus dem 12. Jahrhundert und verdankt ihren guten Ausblick der Tatsache, dass sie einst ganz pragmatisch als Ausguck und Kontrollposten gedacht war, um den Salzhandel im Griff zu halten. Nicht weit entfernt und ungefähr zur gleichen Zeit entstand Deutschlands bedeutendste Höhlenburg: Schloss Stein an der Traun. Sie hat drei Teile: Unterschloss, Hochschloss und Höhlenburg. Heute sind hier sowohl ein Gymnasium als auch eine Brauerei untergebracht.

Burg Grünwald liegt südlich von München und blickt über die Isar. Auf sie bezieht sich Karl Valentins Partyhit »Ja so warn's die alten Rittersleut«. Die Willibaldsburg bei Eichstätt nutzten die dortigen Fürstbischöfe als kanonensichere Festung.

Als Weltrekordhalter in der Disziplin »Länge« nannte ich in Kapitel 26 bereits die Burg Burghausen über der Salzach. Aber auch die Altstadt zu ihren Füßen ist sehenswert – und hörenswert zur Internationalen Jazzwoche.

2. Schlösser Sie laufen in Bayern den Burgen den Rang ab. Daran sind vor allem wieder mal die Wittelsbacher schuld. Auch wenn sie mit Burg Traus-

Reingelegt: Neuschwanstein liegt nicht in Oberbayern, sondern im Allgäu, also im schwäbischen Teil des Freistaats.

nitz ihre Stammburg im niederbayerischen Landshut sowie einige andere Häuser im Schwäbischen haben, gelang ihnen doch eine flächendeckende Versorgung mit Landsitzen, mit Sommerschlössern also, die den städtischen Pendants nicht selten die Schau stehlen, vor allem wegen ihrer Parks und großzügigen Anlage. Eine dieser unscheinbaren winterlichen Amtswohnstuben findet sich mitten in München, denn hier liegen nicht eine, sondern zwei Residenzen. Die neue ist so groß und so bekannt, dass selbst viele Münchner die alte noch nie besichtigt haben. Bevor die neue große Residenz errichtet war, war nämlich der Alte Hof südlich der Staatsoper Herrschersitz der Wittelsbacher. Sie wird hin und wieder auch Kaiserburg genannt, aber nur ein einziger bayerischer Kaiser residierte hier: Ludwig IV., der Bayer.

Die Münchner Sommerresidenz hingegen ist Nymphenburg, seinerzeit weit außerhalb der Stadt gelegen. Für die dortige »Schönheitengalerie« ließ Ludwig I. 38 der schönsten Frauen Münchens porträtieren. Lola Montez ist auch darunter (siehe Kapitel 97).

Unter den bayerischen Herzögen, Kurfürsten und Königen ist zweifellos jener der bekannteste, der sich am wenigsten zum König berufen sah: Ludwig II. Eines seiner liebsten Hobbys war das Bauen. Schon sechs Wochen nach seinem Tod wurde Schloss Neuschwanstein für Besucher geöffnet. Aber das muss uns hier nicht interessieren, denn es liegt schon gar nicht mehr in Oberbayern, sondern im Allgäu.

Versteckt sich im Wald: Herrenchiemsee

Ludwigs Wagnerliebe kann man nicht nur in Neuschwanstein, sondern auch in Schloss Linderhof erleben. Im Park finden sich gleich mehrere Szenenbilder aus Wagneropern nachgebaut, so z. B. Tannhäusers Venusgrotte und die Einsiedelei aus dem Parsifal. Und nicht nur für Wagner-, sondern auch für Orientzauber hat die relativ kleine Schlossanlage Platz: Allerlei edle Materialien und Stoffe machen das dortige Leben schön.

Schloss Herrenchiemsee wurde wie Neuschwanstein nie fertig. Wenn man die gleichnamige Insel auf dem Chiemsee ansteuert, ahnt man nicht, was für eine riesige Anlage Ludwig II. hier als Versailles-Kopie in den Inselwald stellen ließ. Er wollte wohl allein sein. Das merkt man auch an dem Esstischaufzug, der unter seinem Speisesaal installiert wurde. So konnte unten in Ruhe gedeckt werden; und der König musste keine Bediensteten ertragen. Der Tisch erschien einfach aus dem Boden. Da die Technik damals jedoch noch von Hand betrieben wurde, dauerte das Ganze so lange, dass das Essen schon wieder kalt war, wenn es oben ankam. Der Aufzug wurde wohl nur einmal benutzt. Großes Denken erfordert auch gelegentlich große Irrtümer.

Abhängen am Pool. Schon der »Kini« wusste, was gut ist.

Wallfahrt I

Zum Herzen Bayerns nach Altötting

34

Wer Oberbayern verstehen will, muss Altötting einen Besuch abgestattet haben. Hier findet sich nicht nur das »Herz Bayerns«, sondern hier finden sich gleich mehrere. Der Ort trägt diesen Kosenamen, weil in der Gnadenkapelle in speziellen silbernen Herzurnen die Herzen von 28 Wittelsbachern ihre Ruhestätte fanden. Darunter sind alle sechs bayerischen Könige und ein Kaiser, zusätzlich das Herz des Feldmarschalls Graf Tilly, für den bis 2009 täglich eine Messe gelesen wurde. Dann war das dafür einst gestiftete Geld nun aber wirklich aufgebraucht.

Superstar Madonna Als einzigen Wallfahrtsort erreichen Altötting mehr echte Pilger als Touristen, obwohl die Gegend dort auch außerhalb der Gnadenkapelle sehr sehenswert ist. Das hatte man schon in der Antike erkannt. Später, im 8. Jahrhundert, betrieben hier die ersten bayerischen Herzöge, damals noch vom Gründergeschlecht der Agilolfinger, eine Pfalz. Noch älter kann bayerische Herrschergeschichte kaum zurückreichen. Aber die jährlichen 1,3 Millionen Besucher kommen nicht nur wegen der Wittelsbacher Herzen, sondern wegen der »Schwarzen Madonna« in der Heiligen Kapelle, deren Bau bereits für das Jahr 700 n. Chr. angenommen wird. Auf dem eleganten Kapellplatz drum herum kann man Weihrauch riechen und allerlei Andenken kaufen.

Jedoch nur die Herzen der bayerischen Herrscher liegen in Altötting, ihre eigentlichen Grufte befinden sich in der Münchner Jesuitenkirche St. Michael, dem größten und bedeutendsten Sakralbau der Renaissance nördlich der Alpen. Wenn man vor der Fassade steht, mag man hier aus dem Augenwinkel eher das Haus einer reichen Händlergilde vermuten. Wenn man eintritt, überrascht der enorm große Innenraum.

Für eine Kirche eine ungewohnt weltliche Renaissancefassade an der St.-Michaels-Kirche in München

Das heilige »Gelaugte Herz« von Antiochia wäre eine schöne Erfindung, wenn sie denn wahr wäre; der Bäcker empfiehlt dazu jedenfalls Kalbsleberwurst.

Ein ungern gesehener Gast Die Faszination am Morbiden (wie in Wien) sucht man in Bayern lange. Der Umgang mit dem Tod ist hier eine ernste Sache und wird darum mit Humor genommen. Tief in die oberbayerische Seele schaut man in Franz von Kobells Erzählung *Der Brandner Kaspar*, die am Tegernsee spielt. Kaspar Brandner will nicht sterben; als ihn dann aber doch der »Boandlkramer« (der Tod) besucht, füllt er ihn mit Kirschgeist ab und zögert alles noch einige Jahre raus. »Wer ko, der ko« – und sei es auch mit Tricks und Kniffen.

Auf Touriflucht den Massen entgehen

Alternativen zum Ansturm

Gewiss, sie sorgen hier für Wohlstand. Eine Viertelmillion Menschen ist in Oberbayern ziemlich direkt vom Tourismus abhängig. Wenn die Berge am Wochenende aber mal wieder zum Veranstaltungsbereich werden, lohnen Ausflugsalternativen. Das ist auch für Untrainierte weniger fordernd; Oberbayern ist ja weitgehend flach. Hier fünf Tipps für Zugereiste, die mal den Touristenmassen entfliehen möchten.

Mal wieder ein Event auf der Alm? Dann schnell weg!

1. Im Norden: wandern im Sandkasten der Ur-Donau

Die Donau war nicht immer dort, wo sie jetzt verläuft. In Neuburg wirkt sie zwar noch ziemlich natürlich im Vergleich zu ihrem frachtgünstig begradigten Verlauf weiter flussabwärts, doch hat sie sich über die Jahrmillionen ihrer Jugend viele verschiedene Wege gesucht. So kann man zwischen Altmühl, Wellheimer Trockental und heutiger Donau in der Erdgeschichte unterwegs sein, am besten wandernd auf dem ca. 60 Kilometer langen Urdonautalsteig.

2. Mittendrin: Stadtbummel in Dachau

Wer nach Oberbayern zieht, sollte sich nicht nur mit den idyllischen Aspekten

»Der Urlauber zerstört das, was er sucht, indem er es findet«, erkannte Hans Schamberger. Hier zertrampeln Wandertouristen bei Garmisch die Heuernte.

In der KZ-Gedenkstätte Dachau

seiner neuen Heimat beschäftigen. Für die Gedenkstätte des Konzentrationslagers in Dachau gilt also eine dringende Besuchsempfehlung. Da dort jedoch verhältnismäßig wenig originale Substanz vorhanden ist und man außerhalb der informativen Schaukästen vieles der eigenen Fantasie überlassen muss, rate ich Ihnen, bei gutem Wetter oder übergroßem Schulklassenandrang eher zu einem Alternativprogramm mit einem Bummel durch die Museen und Galerien Dachaus. Die Schrecken der KZ-Gedenkstätte sind hingegen an einem trüben, kalten Februartag besonders eindrücklich.

3. Im Osten: radeln auf des Papstes Spuren Ganz im Osten, wo die Sonne aufgeht, kann man sich mit dem Rad auf Spurensuche in Kindheit und Jugend des Altpapstes Benedikt XVI. begeben, als jener noch der kleine Ratzinger-Sepp war. Man kann im Geburtsort Marktl am Inn starten, der mittlerweile allerdings keine päpstliche Heimaterde mehr verkauft, und auf dem Benedikt-Radweg quer durch die *Terra Benedictina* Lebensstationen in Aschau, Traunstein oder Tittmoning besuchen. Höhenmeter sind dabei kaum zu bewältigen.

4. Im Südosten: wandern auf Hüttentour Oder heißt es mittlerweile Lodging? Gemeint ist jedenfalls, nach einmal erreichten Höhenmetern auf diesem Niveau zu bleiben und sich weitgehend horizontal von Berghütte (z. B. der

Mit dem Rad auf einsame Höhen

Wasseralm) zu Berghütte (z. B. dem Kärlingerhaus) im Nationalpark Berchtesgaden um den Watzmann herumzutasten. So hat man ihn immer auf Augenhöhe. Vier Tage sind zu empfehlen; man begegnet dabei erstaunlicherweise recht wenigen anderen Wanderern. Also seien Sie vorsichtig und bringen Sie Klettersteigerfahrung mit!

5. Rundum im Norden: Radwallfahrt zu Bier-Pilgerstätten Auf der Radtour »Hopfen & Bier« verschlägt es einen über die älteste aktive Brauerei der Welt in Freising und das weltgrößte Hopfenanbaugebiet in der Hallertau bis nach Neuburg an der Donau. Bei gutem Wetter erschließen sich einem sehr eindrücklich Sinn und Zweck der Radlermass.

Und was ist mit dem Südwesten? Da gibt es keine Ecke mehr, wo man an der frischen Luft allein ist – außer bei schlechtem Wetter.

Und wenn man gar nicht vor den Touristen fliehen kann, jagt man sie halt selbst, aber lieber nur mit der Kamera.

36 Für Gläubige und die anderen
Ohne Klöster kein Oberbayern

Klöster sind was für Gläubige. Glauben Sie nicht? Um kurz Geschichte vorzulassen: Christen gab es in Bayern schon länger als die Bajuwaren. Grabsteine aus dem 4. Jahrhundert belegen es. Als sich nach der Völkerwanderungszeit die Lage politisch festigte, waren Klostergründungen nicht die schlechteste Idee, um für noch mehr Stabilität und Ruhe zu sorgen.

Abgeschiedenheit? Von wegen! Besonders im Alpenvorland zwischen Lech und Starnberger See wurden viele Klöster gegründet. Jene zwölf Klöster, die noch vor dem Jahr 900 entstanden, nennt man Urklöster. Klöster wollten nicht nur Missionarsstützpunkte sein. Sie trugen maßgeblich mit dazu bei, dass das Land wurde, was es ist: mit Ackerbau, Bildung, Wirtschaftskontakten und besten Beziehungen zum Adel. Ohne Klöster kein Steckerlfisch; die organisierte Fischzucht ist den Mönchen zu verdanken. Ohne Klöster auch kein Bier: Franziskaner, Augustiner und Paulaner waren natürlich zuallererst Ordensnamen! Über fast tausend Jahre konnten die Klöster so wachsen und ihren Einfluss festigen. Im 18. Jahrhundert gehörte mehr als die Hälfte des Kurfürstentums Bayern den Klöstern, nur 15 Prozent dem Landesherrn. Die Säkularisation in Bayern ab 1802 war dann das Ende der Klöster auch als Wirtschaftsmacht: Die Ordensgemeinschaften und Güter wurden verstaatlicht. Als Ausnahmefall unter den Landesoberhäuptern fand Ludwig I. jedoch Interesse an den Klöstern und ließ ein paar Jahre später einige von ihnen wieder gründen. Heute können auch Nichtchristen Gefallen an den Klosterbrauereien finden, die nicht nur so heißen, sondern auch noch von echten Mönchen betrieben werden. In vielen gibt es darüber hinaus noch mehr zum Thema Essen und Trinken: Wirtshäuser, eigene Metzgereien, Seminarangebote, Tage der Ruhe etc. pp.

Jedes Kloster ist eigen Als erstes Kloster in Oberbayern wurde 739/740 Benediktbeuern gegründet. Statt der Benediktiner sind hier nun neben dem Trachteninformationszentrum des Bezirks Oberbayern die Fraunhofer-Gesellschaft und die Salesianer Don Boscos zu Gast. Neben Jugend- und Bildungseinrichtungen gibt es hier ein Zentrum für Umwelt und Kultur,

Kloster Benediktbeuern

das Führungen anbietet, z. B. zu Heilkräutern. Fast genauso alt sind das Kloster Schlehdorf im Tölzer Land (um 740) und das Kloster Tegernsee; als frühestes mögliches Gründungsdatum nimmt man 746 an. Kurz darauf fanden nämlich die sterblichen Überreste des hl. Quirinus hierher.

Im Benediktinerkloster Schäftlarn südlich von München lebten wohl jene Mönche, die dem *forum apud munichen* den Namen gaben. Das Münster (Monasteriumskirche) St. Zeno in Bad Reichenhall ist die größte romanische Kirche in Altbayern. Das ehemalige Benediktinerkloster Seeon beeindruckt durch seine idyllische Lage an eigenem See auf eigener Halbinsel. Der Bezirk Oberbayern betreibt hier eine Bildungsstätte. Im (ehemaligen) Zisterzienserkloster Fürstenfeld zeigt uns die Klosterkirche St. Maria spätbarocke Pracht in großem Format. Das barocke Kloster Ettal im schönen Ammergau lohnt nicht nur wegen seiner Schaukäserei als Ausflugsziel. Hier kann man überhaupt gut essen und Gebranntes genießen. In den Klöstern Altomünster und Eisenbuch hingegen kann man meditieren.

Nachwuchsprobleme Das Kloster Frauenwörth auf der Fraueninsel im Chiemsee musste umdenken, denn Nachwuchs und Absatz seines Hauptproduktes (Schulunterricht und Klosterleben) schwächelten. Man fand eine neue Corporate Identity und managt das immer noch als Abtei fungierende Haus jetzt professionell inklusive Seminarangeboten, Klosterladen und Onlineshop. Auf Kloster Andechs komme ich aus einem naheliegenden Grund in einem eigenen Kapitel zu sprechen (siehe Kapitel 71). Es spricht so für sich, dass das Wort »Kloster« meist entfällt. Andechs halt!

37 Bürgerpaläste
Die besten Museen

Ich weiß, ich weiß. Museen sind nicht jedermanns Sache. Aber Sie wollen doch möglichst schnell hier Fuß fassen und Land und Leute verstehen, oder? Wenn Museen nicht Ihr Ding sind, können Sie dies ja überspringen. Aber ich rate es Ihnen nicht. Museen zeigen uns, woher wir und/oder die anderen kommen. In Oberbayern befindet sich die mit Abstand reichste Museumslandschaft Deutschlands, nicht nur wegen der unzähligen Heimatmuseen. Für jeden Geschmack und jedes Interesse findet sich ein Museum, auch für den kleinen Geldbeutel: In viele der großen Häuser von Weltrang (Glypto- und Pinakotheken, Landesmuseum) kommt man sonntags sogar für nur einen Euro hinein. Technisch Interessierte werden dem Deutschen Museum auf seiner eigenen Insel in der Isar bestimmt einen Besuch abstatten. Es ist schließlich das größte technisch-naturwissenschaftliche Museum der Welt. Schon bei der Grundsteinlegung war ganz innovativ eingeplant, dass Versuche zum aktiven Ausprobieren installiert werden. Der Mann hinter dem Museum war der Bauingenieur Oskar von Miller. Er sagte kategorisch: »In diesem Haus darf jeder machen, was ich will.«

Der Charakterkopf ist keine oberbayerische Erfindung. Hier antike Beispiele in der Glyptothek (Staatliche Antikensammlung)

Hier nun eine willkürliche Auswahl Der international bekannte Lokschuppen in Rosenheim begeistert immer wieder mit publikumswirksamen Ausstellungsideen und -umsetzungen. Beim kelten römer museum manching erkennen wir schon an den fehlenden Großbuchstaben und Bindestrichen, dass wir es mit lange Vergangenem zu tun haben. Spezielle Interessen bedienen das Deutsche Medizinhistorische Museum in Ingolstadt, das Holztechnische Museum in Rosenheim und das Psychiatriemuseum in Haar.

Wen es aus Museen immer ganz schnell an die frische Luft zieht, der hat in Oberbayern keine Ausflüchte mehr: Deutsches Hopfenmuseum in Wolnzach, Freilichtmuseum Donaumoos, Markus Wasmeier Freilichtmuseum in Schliersee, Bauernhofmuseum Jexhof, Bajuvarenmuseum in Waging, Holzknechtmuseum Ruhpolding etc. Im Freilichtmuseum Glentleiten bei Murnau und dem verbandelten Bauernhausmuseum Amerang kann man das Leben im ländlichen Oberbayern erleben. Amerang spezialisiert sich dabei vor allem auf Chiemgau und den Rupertiwinkel, im Museum Glentleiten kann man dafür unter anderem die traditionelle Herstellung von Holzkohle kennenlernen.

Für Gemäldefreunde Die »MuSeenLandschaft Expressionismus« schreibt sich genau so und umfasst gleich fünf Museen, alle an besonders vorbildlichen Seen oder Flüssen gelegen: das Franz-Marc-Museum in Kochel am See, das Museum Penzberg (Sammlung Campendonk), das Schloßmuseum Murnau (in Murnau am Staffelsee), das Lenbachhaus in München (hier ist die Gewässernähe allerdings etwas übertrieben) sowie das Buchheim-Museum, dessen offizieller Name Museum der Phantasie lautet, in Bernried am Starnberger See. Überall kann man Expressionistisches von Rang sehen und in der Landschaft und den Orten vor allem des »Blauen Landes« drum herum erahnen, wie diese die Künstlerinnen und Künstler des Blauen Reiters inspiriert haben mögen: mit Seen und Alpen, mit Moor und Moos.

Tipp
Falls Sie gar keine Lust zum eigenen Museumsbesuch haben und die Objekte lieber im heimischen Lesesessel studieren, hier ein Lektüretipp zur Kulturgeschichte: *Bayern in 24 Kapiteln* von Wilfried Rogasch eignet sich besonders für jene, die sich auch im Museum gerne Zeit lassen, um dort alle Wandtafeltexte zu lesen.

38 Seen's?
Die besten stehenden Gewässer

Die Rekordhalter erwähnte ich bereits: In Oberbayern findet sich nicht nur der tiefste See Deutschlands, der Königssee, sondern auch der kälteste, der Funtensee. Ins Rennen um den schönsten See gehen aber auch noch Walchensee, Starnberger See, Ammersee, Tegernsee, Schliersee, Staffelsee, Kochelsee etc. sowie unzählige künstliche Baggerseen. Die ausgezeichnete Wasserqualität der oberbayerischen Seen lockt nicht nur Badende, sondern mit ihrer guten Sicht auch in die Tiefe. Wenn Sie begeisterter Taucher sind, werden Sie es wohl bereits wissen; ich sage es trotzdem: Wo es nicht ausdrücklich erlaubt ist, ist in Oberbayern das Tauchen verboten. In manchen anderen Ländern ist das genau andersrum geregelt. Leider geht der Trend zu immer stärkeren Einschränkungen.

Der eine tief, der andre breit Das größte Wasservolumen hat der Starnberger See. An seinem Ufer ertranken nicht nur bereits einige Taucher, sondern gar der größte Oberbayer aller Zeiten, König Ludwig II., der Kini – ob aus freien Stücken, wird nach wie vor heiß diskutiert. Am Fundort steht im Wasser ein großes Kreuz, am Ufer eine Votivkapelle.

Die größte Fläche hat hingegen mit 80 Quadratkilometern der Chiemsee. Für bayerische Verhältnisse ist das so groß, dass man ihn auch »Bayerisches Meer« nennt. Ich habe das allerdings noch niemanden jemals tatsächlich sagen gehört. Auf ihm und dem Ammersee fahren elegante Schaufelraddampfer. Auf dem Chiemsee ist es die »Ludwig Fessler« von 1926 mit 360 Diesel-PS, deren Abgase aufwendig gereinigt werden. Für die Wasserqualität des Chiemsees wurde in den letzten Jahren viel erfolgreich getan, z. B. mittels umständlicher Durch- statt Einleitung von Abwässern. Für die Fischer wird es dadurch zeitweise sogar schwie-

Die stattliche »Ludwig Fessler« auf dem Chiemsee

Blick vom Jochberg über den Walchensee nach Süden

riger, einen guten Fang zu machen, da dem Fisch die gute Sicht einen Zeitvorteil gibt. Das Wasser »tückisch trübe« zu machen, ist natürlich untersagt.

Dem Eis sei Dank Überhaupt ist alles ein wenig tropischer: Kulturstrände im Sommer, Eisbachsurfer auch im Winter, freie Waden bei allen Geschlechtern zu jeder Jahreszeit, jeden Abend im Sommer Barbecue an der Isar. Da vergisst man leicht, dass die Schönheiten der oberbayrischen Alpentäler, der sanften Muränenhügellandschaft davor, der vielen schönen Seen und der kiesreichen Fließgewässer vor allem den Gletschern diverser Eiszeiten geschuldet sind. Den Würmsee, aus dem die Würm nach Norden fließt und der einer ganzen Eiszeit (Würm-Kaltzeit) den Namen gab, hat man vor gar nicht allzu langer Zeit umbenannt, denn eine teuer bezahlte Adresse am »Würmsee« klingt unschön nach Parasitenbefall an der Immobilie. Heute heißt er Starnberger See. Die Makler freut's.

39 Alles fließt
Isar, Inn, Donau, Lech

Alle sprechen immer nur von den schönen oberbayerischen Seen. Dabei sollten Sie die sie speisenden oder aus ihnen gespeisten Flüsse nicht vernachlässigen. Die Isar ist bekannt, aber mindestens ebenso imposant ist der Lech, den Oberbayern einst für den Salzhandel über Landsberg schätzte, aber heute links an der Grenze zu Schwaben liegen lässt; und wilder ist die ebenfalls zur Donau fließende Ammer, äh Amper, äh Linder. Ach, was soll denn das dauernde Namenwechseln? Den Inn verbinden viele mit Österreich, gibt er doch Innsbruck seinen Namen. Gäbe es Innsbruck nicht, so wüsste jeder, dass das oberbayerische Wasserburg am Inn so schön am Inn liegt, dass es einen eigenen Besuch wert ist.

Je kleiner der Fluss, desto gefährlicher wirkt er oft. Viele Sagen und schlimme Volkslegenden, bei denen in Schlucht oder Klamm Mensch und Tier ihr Leben lassen, wird erst verstehen, wer selbst einmal die Kraft erlebt hat, die dort selbst geringe Durchflussmengen aufbringen.

Sieht doch so friedlich aus, die Klamm!

Isargeröll

Mit dem eigenen Boot Zum gemütlichen Paddeln eignet sich hingegen Bayerns langsamster Fluss, die Altmühl. Will man sich nicht nur treiben, sondern werfen lassen, bietet dem Kanuten die Isar einige hübsche Stellen. Zurzeit wird allerdings zwischen Umweltschutz und Wassersportlern die Frage diskutiert, wer wann wo welche Aktivitäten auf der Isar durchführen darf. Denn in den letzten Jahren ist die Zahl der wenig wildwassertauglichen Discounter-Schlauchboote explodiert, die sich von den Isarauen bei Wolfratshausen aus mit reichlich Bier gen München treiben lassen.

Früher Logistik, heute Gaudi Die beliebten und seit Jahrzehnten gut organisierten Floßfahrten inklusive Grill und Blasmusik sind ein ganz anderes Thema. Die Flößer wissen ja auch seit Jahrhunderten, wie es geht. Früher waren sie das schnellste und beste Transportmittel für Waren aus dem Süden und konnten vor Ort in München zerlegt und als Baumaterial verkauft werden. Allein im Jahr 1864 kamen 11 145 Flöße nach München. Sie durften auch nicht einfach so weiter flussabwärts fahren. Die Stadt hatte das Recht, die Waren für eine gewisse Zeit zum Verkauf für die Münchner Bevölkerung anzubieten, bevor sie die Reise gen Donau antreten durften.

Die Isar: Förderer und Forderer
Vorsicht, schlechtes Wortspiel: Die Isar (be-)fördert nicht nur, sie forderte auch immer schon, 1813 zum Beispiel zehn Menschenleben bei Brückeneinstürzen. Keine Opfer waren hingegen glücklicherweise zu beklagen, als 1899 die Max-Josephs- und die Prinzregentenbrücke in die Isar stürzten.

40 Ganz kalt und ganz warm
Bäder und Kuren

An warmen Tagen findet man auf den Kiesflächen an den einschlägigen Flüssen sowie an Nebenarmen, die zu Flussbädern umgestaltet wurden, hervorragende Erfrischungsmöglichkeiten. Zwischen 15. April und 15. September wird das Wasser aus den Münchner Kläranlagen vor Eintritt in die Isar ultraviolett bestrahlt, damit Keime abgetötet werden und das Baden im Stadtgebiet so sicher wird, wie man es einem Wildfluss gestatten kann. Selbst an sonnigen Spätoktobertagen sieht man Wagemutige in der Isar. Ende Januar springen in Neuburg Tausende zum Donauschwimmen in selbige, aber da hilft das Adrenalin. Eine ungewohnt deutliche, aber willkommene Erfrischung erfährt man, wenn man nach einer schweißtreibenden Bergwanderung im Frühsommer in den eisigen Walchensee springt.

Die wussten, was gut ist Wer im Winter hingegen flüssige Wärme von außen sucht, kommt in Oberbayern voll auf seine Kosten. Und das hat schon lange Tradition. Die alten Römer wussten es besser und verbrachten nicht nur ihre Freizeit im Bad. Ein freigelegtes Badehaus einer römischen *Villa Rustica* kann man in Peiting im Landkreis Weilheim-Schongau besichtigen. Auch das Haupthaus hatte bereits Fußbodenheizung. Während der Völkerwanderungszeit versiegte das Interesse am gepflegten Warmwasseraufenthalt. Der ansonsten gelehrte Augustinus empfahl gar, nur einmal monatlich zu baden. Nach schlechten Erfahrungen mit der Pest und vor schlechten Erfahrungen mit dem Pietismus und der Syphilis blühte dann die Zeit der kleineren Badehäuser auf.

Comeback einer alten Erfindung Das Badeerbe der Römer lebte endgültig wieder auf, als Kurfürst Max Emanuel zwischen 1718 und 1722 im Nymphenburger Park die Badenburg errichten ließ. Erwarten Sie vom Namen »Burg« nichts Riesiges! Entscheidend ist die Ausstattung dieser Immobilie. Es ist nämlich das erste beheizbare Hallenbad seit der Antike. Bleiben wir beim Superlativ: Heute findet sich in Erding die größte Therme der Welt – allerdings nix für Einsamkeitssucher.

So hat fast jedes der neun Moor- und/oder Heilbäder einen *unique selling point*: Bad Aibling ist das älteste Moorheilbad Bayerns. Falls Sie beim Wort Filzpackung kuschelige Gedanken bekommen oder an Joseph Beuys denken, hat Ihnen das Bairische ein Bein gestellt. Mit Filz ist Moor gemeint. Bad Wiessee am Tegernsee kann seit Erdölbohrungen im Jahr 1909 auf Deutschlands stärkste Jod-Schwefel-Thermalquellen stolz sein und auf Erdölbohrungen verzichten. Bad Heilbrunns Quellen mit viel Jod und vor allem Salz nutzten schon die Kelten.

Die Badenburg im Nymphenburger Park

Die Hunnen hingegen haben sie zugeschüttet. Wildbad Kreuth wurde schon 1490 erwähnt; aus dem Sanatorium wurde 1975 eine Tagungsstätte, die vor allem durch die Klausurtagungen der CSU Bekanntheit erlangte. Wie es demnächst dort weitergeht, war bei Redaktionsschluss noch nicht bekannt; es gibt jedenfalls Umbaupläne.

Noch eine Runde! Eine besondere Attraktion gibt es in Bad Reichenhalls Kurgarten. Um die Reichenhaller Sole zu konzentrieren, ließ man sie aus einigen Metern Höhe über Reisigbündel tropfen. Dazu errichtete man 1910 ein langes Bauwerk, das Gradierwerk. Schon bald merkten Touristen, dass sie gar nicht bis ans Mittelmeer fahren müssen, um salzige Meeresluft zu schnuppern. Die belebende Wirkung konnte der Autor beobachten, als er Zeuge wurde, wie ein sehr betagter Herr im vermutlich frisierten Elektrorollstuhl Runde um Runde um das Gradierwerk flitzte und seine Gattin die Zeiten nahm. Alle anderen sind angehalten zu »wandeln«.

Meeresluft in Oberbayern: das Gradierwerk in Bad Reichenhall

41 Meditation I
Surfer gucken

Mag dem Sportlichen das Surfen selbst bereits als meditative Tätigkeit vorkommen, vor allem, sobald er den Flow findet, so ist auch das Surfer-Beobachten ein stetig wachsender Wellnesstrend geworden. Lieblingsspot für die erfahrensten Wellenreiter wie auch für das Publikum ist das Südende des Eisbachs im Englischen Garten, genau gegenüber vom Verwaltungssitz des Bezirks Oberbayern. Wenn Sie also sowieso schon mal hier sind …

Hier ist jedenfalls immer was los, auch im Winter. Spezielle Surfbretthalterungen fürs schneetaugliche Mountainbike sorgen für surrealistische Sichtungen; man reibt sich in München nicht die Augen, wenn man in einer verschneiten Januarnacht jemanden im Neoprenanzug mit Surfbrett durch die Dunkelheit radeln sieht. Die Surfer legen nur dann eine Zwangspause ein, wenn der Eisbach jährlich zum Putzen trockengelegt wird.

Weiter bachabwärts gibt es noch eine ähnlich spektakuläre Trainingswelle, die allerdings bei gutem Wetter von Eisbachfloatern passiert wird, die nicht rechtzeitig aus dem Bach finden, sondern sich bis zur Haltestelle der Tram treiben lassen, die sie pitschnass für den Weg zurück zur Einstiegsstelle betreten. Seit die Renaturierung der Isar im Stadtgebiet dafür gesorgt hat, dass hier die Surfwellen verschwanden, bietet sich immerhin noch an der Floßlände eine dritte Gelegenheit, Surfende zu beobachten.

Nur etwas für geprüfte Könner und ranghohe Surfer: Hauptwelle im Eisbach

Fernab vom Meer, doch Land der Boote

42

Oberbayern: ein Segen für Segler

Das hätten viele nicht gedacht. Wenn man Bootsbau lernen möchte, muss man nicht nach Schleswig-Holstein ziehen. Unter 24 Ausbildungswerften kann man hier wählen. Außerdem kann Oberbayern Deutschlands höchstgelegene Werft auf dem Königssee bei Berchtesgaden vermelden. Hier ist man nämlich sehr wohl der Schifffahrt verbunden. Irgendwer muss ja all die Segel- und Ruderboote und Fähren für die Ausflügler bauen. Und die Nachfrage nach Steckerlfisch treibt die Fischer raus. Von den Surfern ganz zu schweigen! Da müssen nur noch die Windverhältnisse stimmen.

Einziger Seglerfeind in Oberbayern: Flaute

Alles rot-weiß – oder was?

43

Ein Thema für ein eigenes Buch

Nun, wenn Sie sowieso schon Fan von Bayern München sind, werde ich Ihnen nichts Neues mehr dazu sagen können. Und wenn Sie kein Fan sind, können wir einfach mit etwas anderem weitermachen. Für alle Zugereisten, die fußballweltanschaulich flexibel bleiben wollen (so das denn überhaupt möglich ist), gilt trotzdem »Mia san mia«, denn den Spruch haben sich die Münchner nicht gepachtet, dass dees klår is!

Farbe bekennen auf dem Helmfach

44 Bräuche und Legenden
Vorsicht, jetzt wird es wild!

Nette Burschen in Bad Tölz

Um Oberbayern zu verstehen, lohnt ein Blick auf seine Bräuche. Nicht wenige lassen sich bis in keltisch-heidnische oder gar archaische Zeit zurückverfolgen. Was andernorts Krampuslauf heißt, nennt man in Oberbayern meist Perchtenlauf. Diese Tradition ist 1582 zum ersten Mal belegt, geht aber auf die noch viel ältere Figur der Percht (die Leuchtende) zurück. Brauchtumsforscher sagen, dies sei dieselbe Frau wie jene Frau Holle der Gebrüder Grimm. Sie sieht zwar anders aus, legt aber mitunter ähnliches Verhalten an den Tag. Wie Frau Holle lobt Frau Perchta Fleißige und Hilfsbereite und bestraft Faule. Aber Frau Perchta hat symbolisch noch je ein hübsches und ein hässliches Gesicht. Warum die Teufelsfratze vorne ist? Vielleicht dachte man, dass Strafe stärker motiviert als Lob.

Ab dem Nikolaustag und vor allem in den Raunächten zwischen Weihnachten (pardon, Wintersonnenwende) und dem 6. Januar geht die »wilde Jagd« um, die in dieser oder auch anderer Form in fast ganz Europa zu finden ist und die Schrecken und Unsicherheiten des Winters verkörpert. Ungebundene und hochmotivierte Burschen verkleiden sich Furcht einflößend, haben hinter den Masken ihren Spaß, der deutlich über das hinausgeht, was man von Karnevalsbräuchen am Rhein kennt. Die Masken sind nicht beliebig. Viele dieser dämonenhaften und tierähnlichen Figuren haben konkrete Eigenschaften und heißen z. B. Holz- und Buttnmandl, Klaubhauf oder Habergoaß. Die wildesten Perchtenläufe kann man im Berchtesgadener Land »genießen«. Manchmal geht es so anarchisch und wenig kinderfreundlich zu, dass die Behörden einschritten und dem Treiben Schranken wiesen. Seien Sie beim Besuch darauf gefasst, dass man auch schon mal handgreiflich wird.

Wallfahrt II

Vor allem auf dem Pferderücken

45

Dass Bayern und besonders Oberbayern ein Land der Wallfahrten und der Wallfahrer ist, muss man wohl niemandem mehr aufs Auge drücken, der herzieht. Ich tue es trotzdem. Wie wäre es z. B. mal mit einer Marienwallfahrt nach Tuntenhausen? Seit 1441 dort nachgewiesenermaßen ein Wunder geschah, wird wallgefahren. Nix für Sie? Dann vielleicht Scheyern? Im gleichnamigen Kloster – Verzeihung: im Kloster Bayrischzell-Fischbachau-Petersberg/Eisenhofen-Scheyern – findet sich sogar ein Stück vom wahren Kreuz (kein Scherz!) und die älteste Grablege der Wittelsbacher. Die meisten heißen Otto. Monarchisten und Wittelsbacherfreunde haben so einen zusätzlichen Grund, der Klosterbrauerei einen Besuch abzustatten. Ansonsten wäre da noch das Grab der heiligen Walburga in Eichstätt und, und, und. Ich sehe es ein, wir müssen die Auswahl einschränken.

Satteln wir auf! Wie wäre es, uns auf jene Wallfahrten zu beschränken, die etwas mit Pferden zu tun haben? Eine wachsende Schar von Pferdeliebhabern, Mittelalterfreunden und HEMA-Sportlern (Historical European Martial Arts) pilgert nach Kaltenberg zwischen Landsberg und Fürstenfeldbruck. Dort veranstaltet Prinz Luitpold von Bayern das größte Ritterturnier der Welt. Richtige Brauchtumsritte sind aber jene Umritte mit Gruppen von Reitern, Gespannen, Trachtengruppen, Musi und

Georgiritt in Traunstein

allem oberbayerischen Drum und Dran, die in einer Segnung der Tiere enden. Eine der bekanntesten Pferdewallfahrten ist der Georgiritt am Ostermontag in Traunstein. Mit geschmückten Pferden und Wagen geht es vom Stadtplatz bis zum Ettendorfer Kircherl. Anschließend folgen weltliche Spektakel wie der historische Schwerttanz.

Nicht nur im Knast verehrt Beim Leonhardiritt ehrt man den heiligen Ross- und Viehpatron St. Leonhard, den Schutzpatron der Nutztiere sowie aller

menschlichen Häftlinge. Symbolisch werden dazu um manche Leonhards-
kirche Ketten gelegt. Leonhard von Limoges war ein (nicht laut sagen!)
fränkischer Adeliger. Angeblich starb er am 6. November 559 um fünf Uhr
morgens. Die älteste Leonhardifahrt findet in Kreuth am Tegernsee statt:
schon seit 1442 oder 1469.

Noch bekannter und noch größer ist mit ca. 25 000 Zuschauern der
Leonhardiritt (oder Leonhardifahrt) in Bad Tölz, seit 2017 immaterielles
Kulturerbe der UNESCO. Und besonders kalt ist der jährliche 6. November in Bad Tölz auch. Die Schule fällt aus, die Erwachsenen wärmen sich
schon morgens mit Schnaps. Der Zug ist streng geregelt. Den drei Standar-
tenreitern folgen Vertreter der geistlichen und weltlichen Macht, schließlich die Musikkapelle. In Bad Tölz fahren nur Vierspänner. Der Weg rauf
zur Kirche auf dem Kalvarienberg braucht die vier Pferdestärken. Die Ge-
spanne sind nicht nur aufwendig, sondern auch nach bestimmten Regeln
und Traditionen geschmückt. Gleiches gilt für die oft mehrmals vererbten
Festtrachten. Unter den Hüten der Frauen darf beispielsweise kein Haar
hervorschauen. Für die Ortsansässigen und Teilnehmenden ist es eine ernste Angelegenheit, und sei es auch als traditioneller Heiratsmarkt, für den
sich gerade die ledigen jungen Frauen besonders adrett zeigen.

Leonhardifahrt in Bad Tölz

Von blauen Reitern

Ein großes künstlerisches Erbe

46

In Oberbayern ist es nicht weit zwischen Rokoko und Expressionismus. Die einst als Malerfürsten gepriesenen Franz von Lenbach, Wilhelm von Kaulbach und Franz von Stuck sind heute als Künstler nahezu vergessen und treten im Stadtbild hauptsächlich namensgebend in Erscheinung. In der Kaulbach-Villa ist jetzt das Historische Kolleg, in der Stuck-Villa ein Museum untergebracht, die Villa von Lenbach heißt bescheiden Lenbachhaus und ist weltweit bekannt, nur nicht seinetwegen, sondern wegen der Sammlung »Blauer Reiter«. 1957 hinterließ Gabriele Münters Erbe über tausend Werke als Grundstock für die Sammlung. Wie fing es aber an? Nachdem Kandinsky mit anderen Künstlern 1908 die »Neue Künstler-Vereinigung München« gegründet hatte, um unakademischeren Werken einen Ort zu bieten, kam es bald zu Uneinigkeiten über das Regelwerk. Er lernte Franz Marc kennen und ließ sich mit ihm den Konkurrenzverein »Blauer Reiter« einfallen, zunächst als eine Art Almanach. Bis 1914 entstanden Ausstellungen, in denen auch Werke von Paul Klee und August Macke hingen. Inspiration fand man nicht nur in Schwabing, über das Kandinsky rückblickend sagte: »Alles malte oder dichtete oder musizierte oder fing zu tanzen an.« Stattdessen fuhr man raus und lebte wochenlang am Staffelsee, wo heute nicht nur noch das Münter-Haus lockt (siehe Kapi-

Murnau gedenkt Gabriele Münter.

tel 37). Wenn man zum ersten Mal in der Gegend ist, möchte man auch mit dem Malen anfangen. Für den Blauen Reiter reichte dies jedoch leider nicht. Nach drei Jahren war 1914 schon wieder Schluss. Kandinsky musste nach Russland zurück und ließ Gabriele Münter in Murnau sitzen.

47 Keltisches Erbe oder römisches?

Von wem haben sie das nur?

Das kelten römer museum manching

Woher haben wir das bloß? Die kniefreie Männertracht, das Baumstäm-
mewerfen, die laute Blasmusik, die Karos, den Wunsch nach Autonomie,
den Löwen? Alles deutet darauf hin, dass Bayern und Schotten gemeinsame Vorfahren haben. Und tatsächlich lag bei Manching vor Christi
Geburt eine der wichtigsten keltischen Städte, die heute Oppidum von
Manching genannt wird und eine der archäologisch am besten unter-
suchten ist. Wir sprechen hier durchaus von einer Bevölkerung von 5000
bis 10 000 Menschen. Als die Kelten weg waren, kamen die Römer und
bauten neben den keltischen Resten ihr Heereslager auf, einen Posten
weit im Norden.

Funde aus beiden Siedlungen, der keltischen Stadt wie dem römischen
Kastell, sind heute nebeneinander im kelten römer museum manching zu
sehen. Aus keltischer Zeit glänzen ein großer Goldschatz, der 1999 gefunden wurde, sowie ein entzückendes kleines Goldbäumchen. Die Römer
trugen zwei gut erhaltene Militärschiffe bei. Hinzu kommt jeweils muse-
umspädagogische Aufbereitung, z. B. in Rekonstruktionen, die vielleicht
die Frage klären helfen, was wir denn nun von den Kelten und was von den
Römern übernommen haben. Denn alles können die Bajuwaren nicht erfunden haben.

So ein Theater

Passion in Oberammergau

Falls Sie dieses Buch noch vor dem 4. Oktober 2020 in Händen halten, haben Sie Glück. Denn dann gibt es vielleicht gerade noch eine Eintrittskarte für die Passionsspiele in Oberammergau, und Sie müssen nicht bis 2030 warten. Einen besseren Einstieg in die Erkenntnis der Seele Oberbayerns können Sie gar nicht finden. Passion in Oberammergau: Das ist wie Wiesn hoch zehn. Wenn über 2000 Oberammergauer, die HÄLFTE des Ortes also, etwas auf die Beine stellen, was es so nur alle zehn Jahre gibt, wenn die Männer sich dafür monatelang Haare und Bärte nicht schneiden dürfen, wenn sie hundertmal für sechs Stunden den kleinen Ort zur großen Bühne jener Geschichte machen, die von vielen als die größte bezeichnet wird, dann können Sie der Pest danken. 1633 hatte es die Oberammergauer so schwer getroffen, dass die Überlebenden zum Dank für deren Ende gelobten, regelmäßig Passionsspiele zu veranstalten. Die Bedingungen zur Teilnahme erfüllt nicht jeder. Nur Orchestermusiker dürfen von auswärts kommen. Alle anderen müssen in Oberammergau geboren oder schon 20 Jahre dort ansässig sein. Die Religion ist nicht vorgeschrieben; 2020 gibt es erstmals einen muslimischen zweiten Spielleiter.

Oberammergaus Passionsspiele sorgen mit ihrem Status als immaterielles UNESCO-Kulturerbe immerhin dafür, dass die ansonsten erschreckend kurze Liste der materiellen UNESCO-Baudenkmale in Oberbayern nicht so herb ins Kontor schlägt. Wenn in Oberammergau mal nicht Passionsspielzeit sein sollte, sind die dortigen Herrgottsschnitzer mit ihren meist kirchlich-religiösen Motiven auch ganz sehenswert.

Das Passionsspielhaus

49 Mehr als Jodeln und Plattln

Eine eigene Klanglandschaft

Oberbayern, das war schon immer jodeln, juchzn und plattln, nicht wahr? Heute wird es jedenfalls so wahrgenommen, doch manche Tradition ist nicht so alt, wie man denkt. Um sie selbst erlernen zu können, sind hingegen unterschiedliche Qualitäten Voraussetzung.

Am einfachsten (oder auch gleichzeitig am schwierigsten) ist die Beherrschung des Juchzers. Denn der darf gar nicht absichtlich beherrscht, herbeigeführt sein. Er muss aus einem herauswollen. Der Juchzer gehört einem ja gar nicht. Man lässt den Juchzer raus.

Anders sieht es da beim Plattln aus. Bei gut ausgebildeter Tanzbereitschaft ist es eher eine Frage des Gedächtnisses, zur rechten Zeit den richtigen Schlag auf das richtige Körperteil auszuführen. Im Ruodlieb, einem Versepos aus dem 11. Jahrhundert, wird ein Werbetanz beschrieben, der Ähnlichkeiten zum Plattln aufweist. In seiner heutigen Form findet sich das Schuhplattln jedoch erst ab Mitte des 19. Jahrhunderts belegt. So alt scheint es also noch nicht zu sein.

Auch im benachbarten Salzkammergut wird geplattlt.

Unklare Ursprünge Und ob das Jodeln wirklich aus einer uralten Form der Kommunikation über die Almen hinweg entstand, ist ebenfalls nicht klar. So galt es jedenfalls lange Zeit als Legende. Von den Kanaren ist uns eine Methode bekannt, Sprachlaute durch Pfeiflaute zu ersetzen, um von Hang zu Hang zu kommunizieren. Jodeln als Gesangstechnik findet man hingegen weltweit in vielen anderen Gegenden, die dies sicher nicht vor Urzeiten von den Bayern abgeschaut haben. Ab den 1820ern jedenfalls wird oberbayrisches Jodeln plötzlich in Europa bekannt. Anfangs unterschied man allerdings noch nicht zwischen Bayer und Tiroler, benutzte die Begriffe gar synonym, wenn es um Alpenfolklore ging. Das Urwüchsige war allerdings damals schon inszeniert.

Manchmal muss der Juchzer einfach raus.

So gab es einen Rückkopplungseffekt. Jodeln und Schuhplattln waren Auswüchse, die sich in dieser Stärke ohne Tourismus vielleicht überhaupt nicht flächendeckend durchgesetzt hätten. Man brauchte die Touristen, um die eigene Identität zu destillieren. In der Architektur ist der »Jodlerstil« ein Schimpfwort für übermäßigen, pseudoalpinen Folklorezierrat.

Tipp

Sie wollen endlich »was Eigenes«? Sie wollen noch ein Juwel im Lebenslauf zum Angeben? Oder möchten Sie etwa das Jodeln lernen, weil Sie es tatsächlich schön und interessant finden und das eigene Versuchen das Verständnis für diese Kunst und die hiesige Musik fördert? Im letzten Fall wäre ich der Letzte, der es Ihnen ausreden wollte. Kurse gibt es mittlerweile allerorten. Wenn Sie aber sowieso einen fälligen, weil lehrreichen Besuch im Bauernhausmuseum in Amerang planen, können Sie dies gleich mit einem der dortigen Jodelkurse verbinden. Dort können Sie z. B. auch die traditionelle Konservierungsmethode des Heißräucherns kennenlernen.

50 Von Blas bis Brass
Nicht nur Blech

Die Streicher haben es gut, denn der Geigenbau in Mittenwald genießt noch heute seinen hervorragenden Ruf. Damit wollte ich nichts gegen alle anderen sagen, aber wir brauchen in Oberbayern dann doch etwas mehr Platz für all die Blechblasinstrumente. Denn seit einiger Zeit ist hier ein frischer Wind zu spüren (ui, der war wirklich flach).

Das Alphorn ist verwirrenderweise auch ein Blechblasinstrument. Es zählt nämlich das Mundstück.

Echte traditionelle Volksmusik findet man auf »BR Heimat«. Die Volksmusiksendung aus Bayern 1 auszugliedern und zu einem eigenen Sender zu machen, stieß auf großen Widerstand in der noch nicht digitalen Radiogesellschaft. Trotzdem wurde daraus ein so großer Erfolg, dass der Sender selbst überrascht war. Hier kann man Gstanzln und Zwiefache hören, Hackbrett und Zither bewundern und viele, viele exzellente Laienensembles kennenlernen, die oft aus nur einer einzigen Familie bestehen. Sepp Eibl oder die Gebrüder Rehm (Rehm Buam) sind Beispiele für diese klassische Volksmusik.

Neue Töne Mit »Heimatsound« bietet der Bayerische Rundfunk aber auch ein Format an, das modernen weltmusikalischeren Ablegern der Volksmusik, manchmal Volxmusik geschrieben, eine Bühne bietet – und dabei auch nicht vor bayrischem Rap zurückschreckt. Die Spannbreite zwischen »fast ganz traditionell« und »kaum noch erkennbar bairisch« ist riesig. Ich werfe einfach mal alles in einen Topf, aus dem Sie sich bedienen können: die Fraunhofer Saitenmusik, Großstadt Boazn, Hans Söllner, Die CubaBarischen, Jodelwahnsinn, Fei scho, Kofelgschroa aus Oberammergau, dicht & ergreifend. Die Unterbiberger Hofmusik nimmt sich z. B. orientalischer Klänge und Texte an und singt türkisch zur Blasmusi, was sie schon weit über Berchtesgaden hinaus nach Osten bis zum Bosporus brachte.

Musiker in Kreuth

Bei Volksmusik kann man mittlerweile wählen zwischen »mit« und »ohne Folklore«. So sagen es jedenfalls die Macher. Dahinter steckt allerdings eine nicht ganz sachgerechte, nämlich negative Deutung des Ausdrucks »Folklore«. Was sie meinen, ist »Fakelore«, also das flolkloroide Tümeln, das Nur-so-als-Ob. Über »volkstümliche Musik« wollen wir lieber schweigen.

Auf der »Brass Wiesn« in Eching hingegen kann man neue Blasmusik hören, die urigen Spaß und moderne Klänge verbindet und einen »gscheiden« sowie einen »brutalen« Campingbereich anbietet.

Tipp

Wollen Sie sich ein bisschen in die Szene einlesen, dann greifen Sie zu deren Organ *Zwiefach*, wie sich die *Sänger- und Musikantenzeitung* heute nennt. Der Titel bezieht sich natürlich einerseits auf die Zwiefachen, also jene Musikstücke, bei denen die Taktart zwischen gerade und ungerade wechselt, es klingt aber auch die Zwiefachnaht beim Haferlschuh an. Außerdem finden sich Tipps zu Notensatz und Instrumentenbau, Psychotipps bei Übestress und Lampenfieber etc.

51 Ganz alte und noch ältere Musik
Klangschaffende von Rang

Dass andere Städte sich den Ehrentitel »Musikstadt« auf die Fahne schreiben können, begründen sie meist mit großen Namen: Bonn mit Beethoven, Salzburg mit Mozart, Wien mit beiden. Das schließt natürlich ganze Musikrichtungen aus. München hätte eigentlich das Recht, sich Jazzstadt

Orlando di Lasso – wie der Name unschwer erkennen lässt: ein Belgier

zu nennen, so viel Entscheidendes passierte hier in kleinen Clubs und auf großen Bühnen. Ich schaue dennoch mal etwas weiter zurück: Oberbayern kann mit Richard Strauss, Carl Orff und Karl Amadeus Hartmann zwar gleich drei Komponistengrößen des 20. Jahrhunderts vorweisen, davor gibt es allerdings eine recht große Lücke in der nur von Außenseitern sogenannten E-Musik. Oder sagt Ihnen der Name Franz Lachner etwas? Er hat zu Mozarts 100. Geburtstag 1856 ein hübsches Requiem geschrieben, das auch allen Mendelssohn-Bartholdy-Fans gefallen könnte.

Großer Mann, deutliche Worte Der bedeutendste Name aus der Musikgeschichte, den man mit Oberbayern in Verbindung bringen kann, ist allerdings wohl Orlando di Lasso (1532–1594), der zwar nicht von hier kam und anfangs auch nicht hier bleiben wollte, dann jedoch ab 1557 die größere Hälfte seines Lebens in München am Hof verbrachte. »Schon am frühen Morgen sind wir aufgebrochen, ohne zu essen oder zu trinken. Der Regen hat uns Gesellschaft geleistet bis zum schönen München. Heute Abend werden wir es uns weiß Gott in meinem Garten Wohlsein lassen, wir wollen reden, wie uns der Schnabel gewachsen ist, und auf meinen Herrn Wilhelm trinken.« So schrieb es Orlando di Lasso 1572 an seinen Herzog Wilhelm in Landshut. Was er anschließend daheim mit seiner Gattin noch vorhat, beschreibt er dann so frei heraus seinem Dienstherrn gegenüber, dass es hier nicht abgedruckt werden kann. Selbst Mozart hat seinem »Bäsle-Häsle« die Sache nur umschrieben geschildert und wäre rot geworden.

Orlando stammte aus einfachen Verhältnissen im heutigen Belgien, wurde wegen seiner schönen Knabenstimme nach Italien entführt, eignete sich eine immense Bildung an und schuf an vorderster Front neue Werke in allen möglichen Gattungen. Seinerzeit war niemand berühmter als Komponist in Europa. Heute wird zu den Füßen seines Standbilds auf dem Promenadeplatz in München Michael Jackson gehuldigt. Auf Google Maps heißt es daher auch »Michael Jackson Denkmal«; das ist nicht einmal typografisch korrekt!

Die Ausgabe der Werke von Richard Strauss wird weitgehend in München verantwortet, seine Villa in Garmisch, die er sich mit den Einnahmen aus nur einer einzigen Oper bauen konnte, ist für Forscher auf Anfrage zugänglich. Für Carl Orff gibt es gar ein eigenes Zentrum; das ist etwas versteckt hinter der Bayerischen Staatsbibliothek gelegen, es gibt dort aber immer wieder interessante Veranstaltungen.

52 Eine Frage der Haltung
Skifoarn

Ach, sagen Sie mir nix! Das war doch sicherlich für viele von Ihnen ein ausschlaggebender Grund für den Herzug: »Dufte, dann könn' wa am Sonnahmt ümma Skifahrn jehn!« Den Zahn muss ich Ihnen ziehen. Mit dem Skifahren am Wochenende ist es wie mit Bielefeld: Jeder kennt jemanden, der davon schon mal gehört hat. In Wirklichkeit ist es gar nicht mehr möglich, am Wochenende in den oberbayerischen Alpen Ski zu fahren. Zu wenig Schnee, zu viel Stau. Wer aus der Münchner Gegend oder auf der Autobahn drum herum anreist, sollte spätestens um acht Uhr die Stadtgrenze nach Süden überschritten haben und auch nicht die ansonsten empfohlene Kaffeepause beim Selbströster Dinzler am Irschenberg einlegen. Danach erwarten einen Stau und volle Parkplätze am Ziel.

Antizyklisch denken Fahren Sie lieber viel später gelassen und ohne Hektik los, und nehmen Sie einen der ersten bereits wieder frei gewordenen Plätze! Sie müssen auch selbst gar nicht mehr auf die Piste. Viel schöner ist es ohnehin, die alten Könnerinnen und Könner zu beobachten, die die aussterbende Kunst des galanten Wedelns noch vor der Carvingwelle auf störrisch geradeaus laufenden Brettln gelernt haben. Das ist nicht nur ansehnlich, sondern auch gesund. Die Forschung hat herausgefunden, dass selbst das innere Mitverfolgen die Rumpfmuskulatur minimal (leider wirklich nur minimal) trainiert. Das Gehirn sendet kleine Impulse, von denen es sich im selben Atemzug wieder distanziert. Bewahren Sie also Haltung!

Wenn es schon sein muss, dann bitte wenigstens mit Telemarkbindung

Kuriose Anfänge Wenn Sie nicht heimfahren wollen und eine Unterkunft in Pistennähe suchen: Lange sind die Zeiten vorbei, als sich das Winterurlaubs-

Typischer Wintersportanblick

paradies Oberbayern als preiswerte Alternative zur Schweiz vermarktete. Damals zog noch das Werbeversprechen, dass »täglich frischer Kaffee« gekocht werde – so belegt für ein Hotel in Oberammergau im Jahr 1900. Da war das Skifahren am Schliersee, also im Mangfallgebirge, gerade zwölf Jahre alt. Und wem haben wir es zu verdanken? Einer Leseratte, keinem Bergbauernbuben! August Finsterlin, ein Buchhändler, hat sich nicht von der Idee abbringen lassen, sich diese spektakulären (3,20 Meter langen!) Dinger extra aus Finnland kommen zu lassen. Da er schon damit rechnete, dass man sein Treiben und Rutschen mit Argwohn sah, trainierte er nur nachts, und zwar auf dem Monopteroshügel im Englischen Garten. Der Polizei gefiel es nicht; ihm hingegen gefiel es nicht, dass es der Polizei nicht gefällt. Er zog samt Buchhandlung an den Schliersee nach Fischhausen – exakt dorthin, wo jetzt der Wase, der Wasmeier Markus also, sein Museumsdorf betreibt.

Tipp

Im Museumsdorf von Markus Wasmeier am Südende des Schliersees kann man mit Museumsbraumeister Olaf Krüger Bier auf ganz historische Weise am holzbefeuerten Kupferkessel wie im 18. Jahrhundert selbst brauen. Nach dem eintägigen Praxiskurs darf sich das Bier für sechs bis acht Wochen in Holzfässern von den Strapazen erholen und wird dann abgefüllt und zugeschickt. Es ist auch geschmacklich eine Offenbarung, keineswegs ein Kuriosum. Manchmal wird es vor Ort oder bei Veranstaltungen in der Nähe ausgeschenkt; diese Gelegenheit sollte man sich keinesfalls entgehen lassen. Aber dann erst recht nicht mehr auf die Bretter steigen!

53 Kulturschock II
Radfahrer vs. Radler

Freie Fahrt für freie Waden

Sind Sie aus Münster, Olden- oder Freiburg hergezogen? Gar aus Kopenhagen oder Portland? Dann bitte gut zuhören und nicht die Nerven verlieren! Als Radfahrer muss man sich nämlich umgewöhnen. Zunächst einmal ist man gar kein Radfahrer mehr, sondern ab jetzt Radler. Wie für den Sport gilt auch fürs Radfahren Modifikationspflicht: Radln und sportln hoast's von nun an. So ernst kann es also gar nicht gemeint sein mit all der schrecklichen Anstrengung, wenn das Verb verniedlicht wird. Das ist von mir wiederum ernst gemeint, denn in Oberbayern wird merklich langsamer geradelt als anderswo Rad gefahren. Das Radeln/Radln wird immer noch als eine Art Zeitvertreib auf dem Weg zum Biergarten gesehen, nicht als zügige Alternative zur Tram oder erst recht zum Pendlerstau. Wo einem in Hannover »Hee, jetz fahr doch endlich ma' zu!« zugerufen wird, da wird man hier, wenn man schlicht Spaß am legalen Ausnutzen der erlaubten Geschwindigkeit und am galant-flotten Vorankommen hat, von durchtrainierten Jungmännergruppen mit »A so a Hetz! Muas dees sei?« lachend bespottet. Aber das wendet sich eigentlich gar nicht nur ans Radln direkt. Hektik an sich ist in Oberbayern einfach deutlicher stigmatisiert; wer sich sportlich beweisen will, tut das eher über Kraft und Geschick.

Nichts für Anfänger

Hakeln, Boahakeln und Gnackziagn

54

Was ist 79 Zentimeter hoch, 74 Zentimeter breit und 109 Zentimeter lang? Richtig: ein Hakeltisch. Fingerhakeln gibt es nämlich in zwei Formen: als spontanes »Spiel« am Stammtisch oder als Sportart mit Regeln, Statuten, Alters- und Gewichtsklassen, festgelegtem Sportgerät, Vereinen und Wettkampfturnieren. Wie das dann in Deutschland üblich ist und wie man den Gegner ordnungsgemäß über den Tisch zieht, steuert ein Landesverband bayerischer Fingerhakler. Es gibt sogar internationale Meisterschaften. Das heißt dann, dass auch Österreicher mitmachen dürfen.

Am Stammtisch wird meist eher symbolisch gehakelt.

Entweder zieht man direkt Finger an Finger oder nutzt einen kleinen lederumwickelten Hanfring, der im Wettkampffall natürlich auch wieder genormt ist. Anders als beim Armdrücken darf man sich nicht mit der zweiten Hand abstützen, lediglich mit dem Schienbein. Mit reiner Kraft gewinnt man jedoch nicht. Ohne die richtige Technik riskiert man sowohl eine Niederlage als auch Verletzungen. Neben schneller Reaktion muss man aber auch eine gewisse Unempfindlichkeit an den Fingern mitbringen. Kein Sport für Geiger und Neurochirurgen! Dann doch vielleicht lieber zum Eisstockschießen.

An Bein und Nacken Ohne Brille betrachtet haben oberbayerische Traditionssportveranstaltungen nicht nur beim Stämmewerfen viel gemein mit den schottischen Highland Games: Es zählt meist rohe Kraft, gefolgt von Kraft mit Geschick, sodann Taktik und zum Schluss Ausdauer. Und es geht meist letztlich darum, den »Hagmoar«, also den Kraftmeier am Ort zu ermitteln. Beim Boahakeln (hier heißt Boa tatsächlich Bein und nicht Knochen) verhaken die Hakler nicht Finger, sondern Beine auf Kniehöhe. Ihr folgendes sportliches Ziel ähnelt jedoch eher dem Armdrücken: Man muss versuchen, das Bein des Gegners hinunterzudrücken.

Beim Gnackziagn (Genickziehen) stecken die Köpfe der Kontrahenten in einer Tuchschlaufe. Auf Kommando ziehen beide nach hinten. Wieder gilt das Überschreiten der Trennlinie als Niederlage.

Lauter Alternativsportarten Immer noch nicht auf den Geschmack bayerischer Sportarten gekommen? Wie wäre es dann mit Bierfassrollen, Filzlwerfen (gemeint sind Bierdeckel) oder Ranggeln, einer speziell bayerischen Abart des Ringens inklusive bairischer Fachtermini für Wurf- und Hebentechniken (Aftrara, Knüpfn, Huafn).

Wenn das immer noch körperlich zu anstrengend und Eisstockschießen zu kalt sein sollte, kämen als Kartensportarten Schafkopf und Watten infrage oder als besonders landestypischer Wettkampf das Schnupftabakwettschnupfen (wem's g'fällt). Äh, Gesundheit? Eine Sorge kann ich Ihnen nehmen: Schnupftabak, der lange Zeit zum Bild des typischen Lederhosenträgers gehörte, muss nicht mehr sein. Wobei man das Schnupfen als außenstehender Nichtnikotiniker ja eigentlich begrüßen sollte, denn es erzeugt weder störenden Qualm noch künstlichen Dampf. Und es nimmt übermäßige Ehrfurcht vor dem Schnupfer.

Und was ist mit den Unentschlossenen?

Zügig talwärts ohne Ski

Wem Skifahren zu umständlich, Hakeln zu rabaukig und Fußballgucken zu ungefährlich ist, dem sei eine der bayerischsten Wintersportarten neben dem Eisstockschießen ans Herz gelegt: rodeln. Für den Anfänger muss es natürlich nicht gleich die Kunsteisbahn in Berchtesgaden sein. Und wer sowieso eher auf passive Teilnahme und Brauchtum steht, der kann beim Hornschlittenrennen in Partenkirchen, das dort seit 50 Jahren jährlich am Dreikönigstag stattfindet, die tollkühnen Männer in ihren mitunter tatsächlich fliegenden Holzschlitten bestaunen. Zudem bietet sich die Gelegenheit zum Lernen: Man sagt nie Garmisch-Partenkirchen, sondern muss sich immer für das jeweils Richtige entscheiden: Garmisch oder Partenkirchen.

Nicht ganz so traditionell, dafür noch gewagter und verrückter ist das Peitinger Kanapeerennen am Schnaidberg. Tausende Besucher werden Zeugen, wie die oft verkleideten Fahrer auf ihren Eigenkreationen die kurze Piste herunter- und über die kleine Sprungschanze flitzen. Es zählt jedoch nicht

Wenn schon rodeln, dann auf Holz!

die Geschwindigkeit allein. Hier fließen auch Gestaltungsideen und Choreografie in die Endnote ein.

56 Richtig bestellen
Keinen Obatzda, bitte!

»Wieso denn nich'? Is' doch voll lecker!« Jaja, stimmt schon. Ich meinte ja auch nicht, dass man ihn nicht bestellen sollte, sondern wie man ihn nicht bestellen sollte. Es heißt zwar »a Obazda«, aber »der Obazde« und »den Obazdn«, denn es kommt vom Verb »obazn«, was so viel heißt wie »andrücken/anmantschen«. Das tut man nämlich, wenn man reifen Camembert, weiche Butter, Paprikapulver und bei Bedarf einen Schuss Bier geschwind mit Kraft und Geschick zu diesem Retter in allen Lebenslagen vermengt, der mehr ist als die Summe seiner Teile – wenn man nicht eine der vielen lieblosen Billigvarianten erwischt. Man muss also auch im Bairischen deklinieren, den richtigen Fall eines Wortes bilden können. Gleiches gilt natürlich für den bairischen Speisesegen: Man wünscht sich »an Guadn«, nicht »a Guadn« oder gar »a Guada«.

Keinen Leberkas, bitte! Auf andere Weise falsch ist Leberkas. In der Annahme, dass dieser etwas mit dem bairischen Kas (standarddeutsch: Käse) zu tun haben müsse, wurde hier im vorauseilenden Assimilierungseifer überkorrigiert und übers Ziel hinausgeschossen. Es heißt Leberkäs. Der Käse hat im und am warmen Vesperfleisch nach Ansicht der Oberbayern sowieso nichts verloren. Käsekrainer sind eine Sache der Österreicher, Berner Würstel eine der Schweizer.

Obazda

Innere Werte

Oberbayrisch essen

Wenn Sie aus dem Norden hergezogen sind, müssen Sie vielleicht auch diese Fragen von den dort Zurückgelassenen erleiden »Na, haste Dia schon jut einjelebt? Ernährste Dich jetze nur noch von Brezeln (sic!) und Leberkas (sic!!)?« – »I wo, ick futtere nu strikt nach der Schmankerlküche.«

Das sind doch diese »Schmankerl(n)«, richtig? Ach, lassen Sie sich von Fernsehköchen und Haubenträgern nichts einreden! »Schmankerl« heißt erst mal nur etwas, das gut schmeckt. Jede gute Küche muss also ihrem Wesen nach eine »Schmankerlküche« sein. Als Rubrik eignet es sich somit nicht. Und dass mit Schmankerln kleine Portionen gemeint sein sollen, kann auch nicht stimmen. Langen Sie also gut zu! Wenn es typisch hiesige Gerichte sein sollen, bieten sich für den Einstieg Leberknödel oder -spatzen, Auszogne (eine Form des

Schmankerl?

Krapfens) und Böfflamott an. Klingt schwedisch, ist aber (nur sprachlich) verhunztes Französisch, das Bœuf à la mode.

Noch immer trifft man in Oberbayern auf den Kalauer, dass hier streng vegetarisch gegessen werde; man lasse sogar Rind und Sau den Vortritt und esse das Gemüse halt in seiner veredelten Form, z. B. als Schinken oder Haxe. Liebe Vegetarier und Veganer, bitte bleiben Sie trotzdem hier! Sie haben kulinarisch ohnehin mit Schrobenhausener Spargel, Hallertauer Hopfensprösslingen und -dolden sowie Pilzen aus dem Donaumoos aromatisch die Nase vorn. Den Hopfenspargel, die jungen Triebe also, sollten

Sie unbedingt probieren. Im Ausland wird diese Spezialität mitunter zu Preisen jenseits der Trüffelliga gehandelt. Kein Witz!

Und was ist mit dem zweiten Frühstück? Wie man es auch nennen mag, ob Zweites Frühstück, Gabelfrühstück oder Voressen: Manchmal braucht man diesen Überbrücker. Wer ohnehin kein Fleisch isst, für den kann der folgende Punkt vielleicht immerhin von historischem Interesse sein. Und wer Fleisch isst, wird trotzdem vielleicht Abstand nehmen, wenn zum zweiten Frühstück Kutteln oder saures Lüngerl gereicht werden. Manchmal sind auch Bries und Herz mitverarbeitet. Dem Wagemutigen bietet sich die Gelegenheit, in eine Zeit zurückzuschmecken, die von einem geschlachteten Tier wenigstens so viel wie möglich verwerten wollte. Für Münchner bieten sich die Gaststätte Großmarkthalle oder das Weiße Bräuhaus (neuerdings Schneider Bräuhaus) an, das gezielt mit seiner »Kronfleischküche« wirbt. Kronfleisch im engeren Sinn ist das Zwerchfell. Ihm zur Seite gesellen sich allerlei Innereienspezialitäten, zu denen verwirrenderweise auch Äußerstes zählt, nämlich Füße, Backen und Euter. Ein »Ochsenauge« ist hingegen nur ein Spiegelei, das für den oberbayerischen Esser mit einem fleischigeren Namen wirbt.

Fangen wir gleich mit dem Nachtisch an? Dass der Kaiserschmarrn oft unter den Nachtischgerichten geführt wird, stellt bereits im Hauptgang gut Gesättigte vor Herausforderungen, denen anschließend mit einer würdelosen

Auszogne

Hopfenspargel

Spaltung des Gerichts begegnet wird (»Du, ein ganzer Kaiserschmarrn wäre mir zu viel. Beteiligst du dich?«). Das ist falsch. Wer Lust auf Kaiserschmarrn hat, sollte eine große, ganze Portion mit Appetit und frischem Hunger angehen – am besten bei einer Hüttenrast nach forderndem Anstieg. Die Stepbergalm oberhalb von Garmisch ist nur eine von vielen möglichen Empfehlungen für ausgezeichneten Kaiserschmarrn. Außerdem kann man von dort aus sehr schön die Zugspitze beobachten. Ob sich der Name des über Österreich importierten Gerichts wirklich auf jenen Kaiser Franz Joseph I. (Sisis Franzerl) bezieht, dem er so gut geschmeckt habe, oder nicht doch auf den Kaser, also auf die Alm selbst, bleibt wohl auf ewig ungeklärt.

Tipp nicht nur für Fischfreunde

Dass Fisch nicht nur in Form des beliebten Biergarten-Schmankerls Steckerlfisch in Oberbayern höher im Kurs steht als in mancher viel küstennäheren Region, liegt zum einen an der Qualität der Gewässer und geht zum anderen auf die Klöster zurück, die die Schrecken der Fastenzeit nicht nur mit der Erfindung von Starkbier, sondern auch mit dem Ausbau der Fischzucht konterten. Nicht jeder Fisch schmeckt aber zu jeder Zeit gut! Achten Sie beim Karpfen auf die Jahreszeit! Bei Saibling und Forelle können Sie schon sorgloser zugreifen. Fundamentalistische Meeresfischfreunde, die gar nicht erst mit Süßwasserfischen anfangen, können sich eine Renke aus dem Tegernsee frisch vor Ort zubereiten und sich eines Besseren belehren lassen.

58 Breze oder Brezn?
Jedenfalls nicht Brezel!

Die älteste Breze der Welt wurde zwar in Regensburg gefunden, die besten werden anderswo gebacken (der Autor zieht hier leider – außer im Pfälzischen – viel Unmut auf sich, wenn er sagt: im Pfälzischen), aber man kommt einfach nicht drum herum, bietet sie doch soo viel: innen weich, außen knusprig, hier brüchig, da nachgiebig; mit grobem Salz, das man entfernen kann, wenn es einem nicht passt. Man kann sie beherrschen und ihr verfallen, kann mit ihr gegen den Obazdn kämpfen oder sie in süßen Senf tauchen. Nur eines kann man nicht: zu viel Butter in die Butterbreze streichen.

Unterfettung ist Grund zur Ausweisung.

Geht immer: Butterbreze

Und es ist nicht wurscht

Von einem perfekten Ritual

Gut zu wissen. Aber wo ist der Weißwurstäquator?

Wo der Weißwurstäquator ist? Ganz einfach: Er verläuft je nach persönlichem Gusto ein paar Kilometer nördlich oder südlich der eigenen Position. Rosenheimer Puristen nehmen schon die Ingolstädter Weißwurst nicht mehr ernst, Labskaus-gesättigte Hamburger vermuten bereits am Harz erste Sichtungen. Manche halten die Donau, manche den Main, manche gar die Nordgrenze des Freistaats oder erst die Grenze zum plattdeutschen Sprachgebiet für den Weißwurstäquator. Das hat alles nichts mit der Weißwurst zu tun, sondern mit lokalpatriotischen Absonderungsbestrebungen. Gute Weißwurst gibt es bei guten Metzgern, außerhalb Oberbayerns sogar auch bei guten Fleischern und Schlachtern. Meine persönliche Meinung: Bei Weißwürsten gilt wirklich uneingeschränkt die Qualitätsempfehlung. Lieber keine Weißwurscht als eine mangelhafte. Aber mit einer kurzen Recherche finden sich allerorten gute Würste, nicht nur im Weißwurst-Mekka in Ried oder bei dem in München weltbekannten Metzger Magnus Bauch – das ist kein Künstlername!

Zur Herkunftsfrage Unsicheren Quellen sollte man nicht vertrauen. Dabei ist nicht nur oft die Herkunft der Zutaten, sondern auch des Rezepts unklar. Ob die Weißwurst tatsächlich erst, wie es die Legende will, am

»Frühstück ist fertig!« – Der Senf gehört aber noch umgefüllt.

22. Februar 1857 in Ermangelung anderer Zutaten vom Moser-Sepp am Marienplatz erfunden wurde oder nicht doch bereits während der Napoleonischen Besatzung als *Boudin blanc* nach Oberbayern fand, ist für den Genuss unerheblich.

Mir persönlich ist es auch völlig piepe, äh, egal, äh wurst (?), wie und wann und in welcher Begleitung Sie die Weißwurst essen. Meinetwegen abends mit scharfem Senf und einem knackigen Salat – und dazu einen schönen Chablis. Da bin ich tolerant; ich bin ja auch nicht dabei. Wer aber ein paarmal den Ritus präzise nach allen Regeln durchlebt hat, erkennt die subtil aufeinander abgestimmten Teile. Es geht nur sitzend in morgendlicher Ruhe, nicht im Gewusel. Es geht nur in dieser heiligen Vierfaltigkeit: Weißwurst in der Terrine, frische Breze im Korb, süßer Senf im eigens dafür bereitgestellten Porzellan, Weißbier (im Idealfall ein recht dunkel geratenes mit leichten Bananenaromen) im hohen Glas. Dann treffen reizende Gegensätze, aber keine schockierenden Extreme aufeinander: warm gegen kalt, süß gegen salzig, knusprig gegen samtig-weich, Fett gegen Alkohol. Und der Kampf mit der Haut gehört dazu. Die Feinarbeit und Konzentration nimmt das Tempo raus, während Breze und Bier beschleunigen wollen. Vielleicht gerät deshalb auch das verhältnismäßig zügige Zutzeln, das Heraussaugen des Bräts, aus der Mode. Es wurde früher oft als wahre Art des Weißwurstgenusses gepriesen, aber ich habe es in den letzten zehn Jahren nicht einmal beobachten können.

Die Wursthaut (für Norddeutsche: Pelle) natürlich nicht mitessen! Erst recht nicht am Stück! Wer es wirklich nicht mit ihr aufnehmen möchte oder keine Petersilie verträgt, bestelle eine Wollwurst. Die kommt ohne aus. Am besten schmeckt sie leicht angebräunt (angebraten).

Kleine Bierkunde

A Russ oda a Hoiwe?

Dass die Hallertau das größte zusammenhängende Hopfenanbaugebiet der Welt ist, dürften Sie mittlerweile wissen. In Wolnzach befindet sich das Deutsche Hopfenmuseum. Hier gibt es auch das Pendant zur Weinkönigin: die Hopfenbotschafterinnen. Sie erklären und führen, z. B. über die Höfe der Hopfenbauern und durch deren Hopfengärten.

Für jeden etwas Wenn Sie gern Bier trinken, werden Sie ohnehin noch andere Quellen hinzuziehen. Dies ist nur das unumgängliche Minimalwissen für Zuagroaste! Oberbayerisches Bier ist nicht eine bestimmte, typische Sorte wie Kölsch oder Alt oder Berliner Weisse, sondern gleich ein ganzes Sortiment, das für fast jeden Geschmack eine traditionelle Sorte bereithält.

Man kann es nicht oft genug betonen.

Was also trinken? Wenn Sie »ein Bier« bestellen, erhalten Sie eine Hoibe/Hoiwe, also eine halbe Mass Helles Bier. Sie können auch etwas traditioneller sein und ein malzigeres Dunkles bestellen. Ein Radler ist ein Alsterwasser, und die Sprachgrenze Radler-Alsterwasser verschiebt sich stetig nach Norden. Eine Russnmass ist ein Radler auf Weißbierbasis. Bei der Presshoibn zählt nicht der Inhalt, sondern die Geschwindigkeit; sie wird reingepresst. Eine Goaßnmass (= Ziegenliter) enthält neben dunklem (Weiß-)Bier und Cola auch einen Kirschschnaps. Vor der Wodka- und Energy-Drink-Welle gab es noch etliche Massvarianten mit Likören und Schnäpsen, zum Beispiel die Schneemass oder die berüchtigte Betonmass.

Spezialfälle Märzen wurde als letztes Bier der Brausaison stärker eingebraut, damit es/er den Sommer über bis Michaeli hielt. Viele Bierfeste liegen deshalb im Herbst, damit der alte Rest weggesoffen wird. Ein Zuagroaster ist das Bockbier: 1612 wurde Elias Pichler (der Name allein schon!) aus Einbeck als herzoglicher Braumeister abgeworben. Er brachte das Einbecksche ... Ainpöckisch ... Bockbier mit.

Im Paulanerkloster in der Au wurde im Jahr 1630 jenes Starkbier gebraut, das die Fastenzeit rettete: der Salvator. Manchmal wird der Name auch von »Sankt-Vater-Bier« hergeleitet. Potente Starkbiere schmücken sich seitdem mit einem »-or« am Ende: Terminator, Optimator, Triumphator, Operator (ein schönes Geschenk für Mathematiker und IT-ler). Die Rezeptur für Pilsener wurde 1842 von einem nach Pilsen berufenen Niederbayern entwickelt: Josef Groll.

Eine Vorform unseres heutigen Weißbiers wurde gegen Ende des 16. Jahrhunderts erfunden und das Brauen ziemlich schnell vom Staate in die Hand genommen. Erst 1798 hat Karl Theodor das kurfürstliche Monopol zum Weißbierbrauen aufgehoben. Es war einst eingeführt worden, damit noch Weizen für die Ernährung der Bevölkerung bleibt. Man wusste schon, was sonst passiert; die Sumerer haben 40 Prozent ihrer Getreideernte zur Bierproduktion verwendet. Das bis ca. 1500 meistverbreitete Roggenbier zieht auch langsam wieder an.

Ein besonderer Status Bier ist in Oberbayern nicht nur Grundnahrungsmittel (rechtlich gesehen leider nur ein Gerücht) und stand statt auf der Getränkekarte auf der Speisekarte (kein Gerücht!), sondern gar fünftes Naturelement. So nannte es einst Staatskanzler Wiguläus von Kreittmayr, obwohl er Luc Bessons gleichnamigen Film noch gar nicht kannte. Vielleicht ließ sich Besson aber einfach auch von Kreittmayr inspirieren.

Und was hat das mit ober- und untergärig auf sich? Das betrifft verschiedene Brauverfahren, bei denen unterschiedliche Hefen, die sich bei der Herstellung im Bier oben oder unten sammeln, bei unterschiedlichen Temperaturen eingesetzt werden. Weißbier ist obergärig, fast alle anderen Biere sind untergärig. Man kann es sich einfach merken: Temperatur unten = Hefe unten = untergärig. Temperatur oben = Hefe oben = obergärig.

Abschließend ein kleiner, gut gemeinter Rat: Man schreibt sich die Welt schön. Das kann man hier in Oberbayern besonders gut. Mein alter Lateinlehrer, ein argentinischer Jesuit, sagte oft: »Ich habe nichts gegen deine Übersetzung. Aber sie ist falsch.« Ähnlich darf es einem mit dem Münchner Bier gehen: Es ist natürlich das beste Bier der Welt, aber manche andere schmecken noch besser. Erkunden Sie also bitte auch die anderen der fast 100 Brauereien Oberbayerns! Es gibt allein unter den traditionellen Biersorten viel zu entdecken!

Die vier Häufigsten: dunkel, hell, Radler, weiß

61 Neues Bier und Craftgebrautes
Eine Szene explodiert

Die bayerische Bierszene ist im Umbruch. Konnte man sich hier noch vor wenigen Jahren im eigenen Lichte sonnen und rühmen, das beste, reinste, überwachteste Bier der Welt zu brauen und (in Oberfranken) die höchste Brauereidichte der Welt zu haben, so haben Garagenbrauer und Bier-Craft-Sportler mittlerweile dieses Getränk und seine Möglichkeiten neu erkundet. Das hatte zwei Effekte: Erstens traten seit langer Zeit wieder ein paar neue Spieler (in München z. B. Giesinger, Tilmans und Haderner – um willkürlich ein paar zu nennen) auf den Plan, die den Lokalmatadoren in den etablierten Disziplinen den Kampf ansagen (Münchner Helles und Dunkles, Weißbier, Märzen, Bock, Pils). Zweitens hat man erkannt, dass dem Spiel nicht nur neue Spieler, sondern auch neue Regeln guttun. Die internationalen Anregungen dazu (Ale, Barley Wine, Bitter, IPA, Porter, Stout etc.) fielen

auf gut bereiteten Boden, hat man mit der Hallertau doch einen der weltbesten Aromenspender für Bier vor der Haustür. So finden sich immer mehr kleine, mutige, meist aus zwei im BWL-Studium unterforderten Spezln bestehende Teams, die dem Bier Richtungen und Intensitäten abgewinnen, zu denen sich die Massenproduzenten aus Marketinggründen nicht getraut hatten. Wie das technisch mit dem Bierbrauen funktioniert, kann man in Weihenstephan (Freising) studieren.

Neues Bier braucht neue Glasformen.

Das Festzelt im Blick So findet mittlerweile im Anschluss an die »echte« Wiesn ein Craftbier-Oktoberfest statt. Na gut, außer dem Namen gibt es bisher wenig Ähnlichkeiten. Aber die Oide Wiesn hat sich auch als Erfolg erwiesn ('tschuldigung, der war wirklich platt). Vielleicht gibt es in zehn Jahren ja ein Zelt für Spezialbiere. Der Trend geht beim Trinken ohnehin weg von der reinen Menge und hin zur Qualität.

So ist das durchschnittliche aufgenommene Biervolumen pro Besucher nach langer Zeit des langsamen Steigens seit wenigen Jahren rückläufig. Die historische Marke von zwölf Millionen Litern gezapften Bieres bei der Jubiläumswiesn (1910) ist in weite Ferne gerückt. Heute pendelt es sich so bei acht Millionen Litern ein. Bassd scho.

Hier lernt man das Brauen: Weihenstephan (Freising), älteste Brauerei der Welt.

Einkaufstipps Werbung mache ich für kein Bestimmtes der neuen Biere, da würde ich mich erst zu einem Urteil hinreißen lassen, nachdem ich alle probiert habe. Es sieht allerdings nicht so aus, als ob das noch möglich wäre. Stattet man nämlich einem der gut informierten Spezialgeschäfte einen Besuch ab, ist man schnell von der Auswahl überwältigt. Bei meinem Lieblingsprovider in einer versteckt gelegenen Halle in Germering, der sich auf kleine, handwerkliche Erzeuger spezialisiert hat, kann man unter Hunderten Bieren wählen. Die Gespräche laufen ähnlich fachkundig ab wie beim Wein: »Die benutzen dieses Jahr drei andere Hopfensorten, oder?« – »Bei welcher Temperatur wurde das geführt?« – »Die Reifung erfolgte dann zwölf Jahre im gebrauchten Balsamicofass.«

Der Neue auf dem Platz Einen Spieler in München müssen wir allerdings noch genauer beobachten in den nächsten Jahren. Giesinger Bräu hat ungeheuer aufgeholt und liebäugelt bereits mit einem eigenen Zelt auf der Wiesn. Um das dazu erforderliche, geschützte Markenzeichen »Münchner Brauerei« zu erhalten, muss aber erst noch eine Bedingung erfüllt werden: Das Brauwasser darf nicht aus den städtischen Wasserhähnen kommen, sondern muss im Stadtgebiet mit einem eigenen Brunnen aus einem uralten Reservoir in 150 Metern Tiefe gewonnen werden. Machen die sechs Stammspieler (Hofbräu, Löwenbräu, Paulaner, Spaten-Franziskaner, Hacker-Pschorr und Augustiner) ja auch.

62 Meditation II
Biergarten

Thomas Grasberger hat in dem köstlich spirituellen Kapitel seiner *Gebrauchsanweisung für München* das Biergartensitzen mit einem zenbuddhistischen Klosteraufenthalt verglichen. Die Parallelen sind klar: innere Sammlung und Konzentration aufs Objekt (Bierkrug), in sich gekehrte Haltung (nach vorn aufgestütztes Hocken), Meditation über offensichtlich paradoxe Fragen (»Bist aa scho då?«), restlos entspannter Gesichtsausdruck (»Goaßgschau«). Hätte ich nur davon gewusst, bevor ich hierher zog! Gestatten Sie mir eine wahre Anekdote.

Oberbayerns beliebtester Wegweiser

Vor vielen Jahren geschah es in meinem ersten Monat in Oberbayern, dass ich das Dachauer Volksfest besuchte. Es war noch früh, die Sonne schien, Gruppen junger Dachauer standen in ihrer Tracht vor dem Zelt, die Bierbänke draußen fast leer. Ich setzte mich und empfing das erste Bier. Bald nahm schräg gegenüber ein Herr Platz, den man für einen Lateinlehrer, freischaffenden Notar, Krimiautor oder eine Mischung daraus halten konnte: gepflegt, aber nicht aufdringlich. Man versuchte ein Gespräch; nach der ersten Einigung über das Wetter und die Schönheit des Ortes erwähnte ich im Nebensatz meine Herkunft, was die Kommunikation nachhaltig erschütterte. »Sie ßån oiso eher ás Nodd-Teitschland?« Meine Antwort hat er wohl kaum noch gehört. Er schaute noch einige Minuten auf seine fast noch volle Mass, dann stand er auf und ging grußlos.

Was hatte ich falsch gemacht? Noch lange Zeit empfand ich das als Akt der Missachtung. In Wirklichkeit hatte ich die meditative Situation nicht verstanden, dem Gespräch zu viel konkretes Informationsinteresse beigemessen. Im Biergarten gesellig zu sein, das kann auch heißen: gemeinsam ohne Worte über das Wichtigste, nämlich nichts nachzusinnen. Sie halten das für paradox? Dann haben Sie es schon verstanden.

Oberbayern

Ein Weinland

Viele haben schon von dem oberbayerischen Single Malt mit dem exotisch aussehenden, aber dabei ganz traditionellen Namen gehört: Slyrs ist aber nur die Erstnennung von Schliersee. Neben oberbayerischem Whisky gibt es aber auch oberbayerischen Wein, und das schon seit langer Zeit.

Ein Scherz, oder? Oberbayern ein Weinland? Was soll denn der Quatsch? Doch doch, schon die Römer haben hier Wein angebaut. Und die wussten, wie es geht und wo es sich lohnt. Das haben sich die Bajuwaren gemerkt und hielten dem Trank das Mittelalter über die Treue. Um 1530 notierte Johann Georg Turmair in der deutschen Fassung seiner *Bayrischen Chronik* »Das Beyerisch Volck […] bleibt gern daheim […] trinckt viel, macht viel Kinder […] Der gemein mān so auff dem Gäu vnd Land sitzt, thut was er wil, sitzt tag vnd nacht bey dem Wein, schreytet, singt, tantzt, kartet, spielt, mag Wehr tragen, Schweinsspieß und lange Messer.« Manches hat sich geändert, vieles blieb indes gleich. Heute kennt man den bayerischen Hofhistoriker Turmair vor allem unter seinem latinisierten Namen Johannes Aventinus (denn er kam aus Abensberg und damit aus Niederbayern), da eine vorzügliche Starkweißbierspezialität nach ihm benannt ist.

Aber es gab ein Problem: Klimaveränderung. Die »Kleine Eiszeit« kam, die Lesequalität der Elbingreben fiel. Im 18. Jahrhundert lobte Wiguläus von Kreittmayr, ein hoher Beamter: »O glückliches Land, wo Essig, welcher anderswo mit großer Mühe bereitet werden muss, von selbst wächst.« Dieser Essig nannte sich damals noch Baierwein und wurde zum Beispiel um Landshut, Dingolfing oder Freising angebaut. Heute sind davon nur noch Streuflächen geblieben.

Wächst doch wieder, der Wein!

Wein importierte man dann lieber über Mittenwald aus Südtirol und fuhr nach München zum Weintrinken, zum Beispiel ins Weinhaus Neuner im Hackenviertel. Das Haus besteht aber in Teilen bereits seit dem 17. Jahrhundert und war einst Priesterseminar und Gästehaus des Jesuitenkollegs.

Das »gallische« Weindorf Ganz im Norden Oberbayerns, in Neuburg an der Donau, hat sich aber Bayerns kleinster Weinberg gehalten. Josef Tremml pflanzt in der Lage Eulatal Müller-Thurgau und Regent sowie sieben autochthone (d. h. lokale) Rebsorten in der Lage Ried. Das hat Vorteile: Dieser historische »Neuburger Satz« leistet dem Pilz guten Widerstand.

Wein gibt es auch in Neuburg schon seit den Römern; Schuld ist sogar ein einziger: Kaiser Probus. Im Mittelalter haben Klöster den Weinbau fortgeführt und boten die Grundlage für wachsenden Weinbau und -handel in Spätmittelalter und Renaissance. Getreu seinem Motto »Ich meid und hass all leere Fass« ließ Pfalzgraf Ottheinrich schließlich auch im Neuburger Schloss einen Weinkeller bauen.

Oberbayerischer Sherry? Ganz so weit sind wir noch nicht. Aber die in Andalusien genutzten Fässer werden sehr wohl sinnvoll weiterverwendet für die stark nachgefragte Spirituosenveredelung (»soundso viele Monate gereift im Oloroso-, dann noch zwei Jahre im Pedro-Ximénez-Fass«).

Sherryfässer am Schliersee: nicht nur Zierde

Erdverbunden

In Wald und Flur zu trinken

Bei weltlichen Festivitäten in Oberbayern fällt auf, wie sehr hier gleich wieder mögliche Bezüge zum Land und zur Natur in den Vordergrund rücken, denn gefeiert wird draußen, sei es auf der Wiesn in München oder dem Gäuboden(fest) in Straubing. Da das Festzelt auch jeweils draußen steht, gilt sein Besuch immer noch als »draußen sein« – nur halt im Zelt.

Von Anfang an war die Wiesn ein Fest nicht für die Münchner Bevölkerung, sondern vor allem für die des näheren und ferneren Umlands. Heute

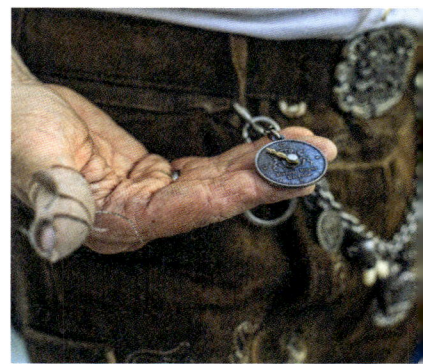

Ja, is denn scho wieda Festzeit?

sieht man das noch auf dem Trachtenumzug, der die Besucher aus den umliegenden Landkreisen und besonders herzlich die Übernachtungsgäste aus dem weit entfernten Niederbayern oder Tirol empfängt.

Bei den »echten Münchern« scheiden sich die Geister: Die einen gehen nur widerwillig auf die Wiesn, die anderen gar nicht. Eine Online-Umfrage der *Süddeutschen Zeitung* ergab auf die Frage »Werden Sie in diesem Jahr (2019) das Oktoberfest besuchen?« folgende Tendenz: 53 Prozent auf keinen Fall; 39 Prozent ja freilich. Aber was bedeuten solche Umfragen? Da will man sich doch nicht festlegen. Und warum will das überhaupt jemand wissen? A Preiß in der Verwaltung? Eigentlich müssten Umfragen in Oberbayern so bis zur Unkenntlichkeit relativiert formuliert sein, dass sich kaum wissenschaftlich aushebbare Datensätze bilden ließen: »Was täten Sie als mögliche Antwort vielleicht in den Raum stellen, wenn Ihnen unter Umständen jemand die Frage stellen würde, ob Sie mit dem Gedanken spielten, eventuell das Oktoberfest zu besuchen?« Der echte Münchner geht viel lieber aufs Tollwood-Festival als auf die Wiesn. Im Wortspiel hat sich das Erdig-Hölzerne auch hier erhalten: Wald als Alternative zum Rasen.

65 In Richtung Himmel
Oberbayrischer Maikrawall

Am 1. Mai gibt es überall im Bezirk Demos. Alle machen mit – inklusive Musik und kirchlichem Beistand. Gerade die jungen Leute sind ganz vorne mit dabei, wenn es heißt, Flagge zu zeigen und dem Gegner eins auszuwischen. Nur vereinzelt ist diese Tradition auch in ein paar norddeutschen Gegenden zu finden. Lassen Sie sich also kein Maibaumaufstellen entgehen!

Zum Glück Pech Bis der Baum steht, ist allerdings bereits einiges geschehen. Geschlagen wurde er schon lange zuvor. Anschließend wird er traditionellerweise gestohlen, meist von einer Gruppe kräftiger junger Leute, die den Baum dann am ersten Mai reuig zurückgeben – wenn er ihnen bis dahin

nicht wiederum gestohlen wird. Beim Aufrichten – in der Regel auf einem Kirchplatz – darf dann traditionell nur Muskelkraft eingesetzt werden. Und wenn er steht, hat der Maibaum immer noch nicht seine Ruhe. Denn nun (oder in manchen Orten erst an Pfingstmontag) gibt es ein Wettkraxeln. Damit man guten Halt am glatten Stamm findet, werden Hände und Füße mit Pech und Honig klebrig gemacht.

Der größte Demotag in Bayern ist aber nach wie vor noch nicht der Freitag, sondern der Donnerstag, genauer gesagt ein bestimmter, nämlich Fronleichnam. Hier werden bei der Prozession statt Transparenten Fahnen geschwungen, statt Rednertribünen gibt es Altäre, statt Trommelgruppen spielt die Bläserjugend. Als Verkehrshindernis werden die Fronleichnamsprozessionen nur noch von Marathonläufen überboten.

Maibaum am Münchner Viktualienmarkt

Historische und andere Feste

Ein guter Anlass macht ein gutes Fest

Lernen Sie Oberbayern übers Feiern kennen! Feste wie hier sind eben nicht nur jener Kirmes- und Jahrmarkt-ähnliche Spaß, der sich landauf landab gleicht. Zwar nehmen sich einige Festivitäten einen Anlass, der entweder mit Brauen oder Kirchgang zu tun hat, manchmal wird beides günstigerweise verknüpft, doch finden sich auch Sonderanlässe in Hülle und Fülle, weltliche wie geistliche, sportliche wie künstlerische: das Neujahrsspringen in Garmisch, das Hornschlittenrennen in Partenkirchen, das Donauschwimmen in Neuburg (zwar gerade erst 50 Jahre alt, aber bereits eine feste Tradition: Ende Januar springen Tausende, teils verkleidet, in die eiskalte Donau), das Ochsenrennen in Münsingen, Haunshofen oder Etterschlag, das Bergfilmfestival Tegernsee, die deutsche Meisterschaft im Steinheben, der Tanz der Münchner Marktfrauen, Montgolfiade, Jazzwoche Burghausen, Opernfest in München, Maibaumaufstellen, Fischerstechen (Fischer-Stechen, nicht Fisch-Erstechen! Z. B. in Tutzing am Starnberger See oder beim Fischergasslerfest in Neuburg), Georgiritt in Traunstein, Sonnwendfeuer an der Kampenwand, St.-Ulrichs-Ritt, das Kaltenberger Ritterturnier.

Wer sich hingegen doch einfach nur aufs Bier konzentrieren will, dem dienen neben diversen Starkbierfesten und Laurentiusmärkten das Rosenheimer Herbstfest, der Barthelmarkt in Oberstimm bei Ingolstadt oder das Moosburger Volksfest.

Fischerstechen in Bad Wiessee

67 Irgendwo dazwischen

Fásching, äh Fåsching

Beim Fasching ist das Land der Hauptstadt voraus. Vielleicht verhindert in München das Oktoberfest eine allzu große Faschingsliebe. Man verkleidet sich ja sowieso im Juli auf dem Kocherlball und im Herbst auf der Wiesn. Aber da vergleiche ich den Fasching mit dem Karneval Kölscher Machart. Interessanter, und tiefer in die oberbayerische Seele Einblick gewährend, sind die uralten, traditionellen Faschingsriten hinter furchterregenden, geschnitzten Masken, Larven genannt. Es geht schließlich nicht um Spaß, sondern ums Überleben. Die winterlichen Vorräte sind aufgebraucht, es wird Zeit für eine neue Wachstumsperiode! Fort mit dem Winter also; das ist die wahre Faschingslosung. Zum wilden Äußeren gehören furchterregendes Geklingel und Geschepper. Im Werdenfelser Land nennt man es mal wieder anders (siehe Kapitel 5). Hier spricht man vom Maschkeragehen; bis Mitternacht darf diese Maschkera, ein oft wertvoller und alter Familienschatz, nicht abgenommen werden. In Erding wird am Faschingsdienstag alles grün, wenn Moosgeister zurück ins Erdinger Moos getrieben werden, die nicht nur dort seit dem 11.11. herumgeistern. Ganz weiß ist man am Unsinnigen Donnerstag beim Umzug in Dorfen gekleidet; als

Höhepunkt wird die Lenzn-Puppe, die den Winter symbolisiert, auf einen Galgen gezogen und verbrannt. Der Winter ist damit vertrieben. Dass bei solchen Ausnahmetagen immer auch Grenzen ausgetestet werden, gehört dazu, führte aber leider auch zu einem tragischen Ende des Spaßes im Jahr 2019. Das Wetter war so frühlingshaft gut, dass einer der Hemadlenzen in den Fluss Isen sprang. Er konnte nur noch tot geborgen werden.

Vorsicht vor der Maschkera in Mittenwald!

Humor I

Derblecken beim Starkbieranstich

Da geht's lustig zu, beim Starkbieranstich auf dem Nockherberg. Da wird derbleckt! Jaja, das Stichwort fällt immer. Derblecken – oder auch Auffischiassn – meint im Bairischen ein ziemlich direktes Bespotten. So richtig lustig ist es erstmal für den, der damit anfängt. Der Derbleckte hingegen muss sich zu wehren wissen und nachlegen – oder die Sache mit Humor nehmen. Denn auf dem Nockherberg wird es bierernst. Wird man nicht erwähnt, hat man ein größeres Problem, als wenn Schlimmstes

Eine bierernste Situation

über einen behauptet wird. Aber es gibt ein Problem: Zwar endet das Ganze immer mit gemeinsamen Interviews mit den Politikerdarstellern und den Politikerdarstellerdarstellern, aber da ist ja mittlerweile schon eine Mass Starkbier nachgeflossen, und man kann sich gar nicht mehr so exakt an den Wortlaut erinnern. In der Situation ist einfach der Wurm drin. Diese bestimmte Art bayerischen Spotts muss von Aug' zu Aug' auf Volley gespielt werden.

Verständnis ist gefragt Aber das ist nur eine Variante bayrischen Humors. Oberbayerns Humoristen sind im eigenen Lande geehrt und begehrt; anderswo versteht man sie oft nicht. Was allerdings gar nicht unbedingt an ihrer Sprache liegt, sondern an ihrem Humor. Als Impressionisten entziehen sie sich oft allzu deutlich erinnerbarer Pointen. Bayerische Witze geraten dabei oft erstaunlich süß und oberflächig fast harmlos-freundlich. Die Bayern lachen gern, aber nicht unbedingt über Witze. Darum bringe ich hier auch keinen. Na gut. Wenigstens habe ich ihn mir nicht ausgedacht (Gerd Holzheimer gebührt hier Dank). Autofahrer zum Radfahrer, der ohne Licht fährt: »An Ihrer Stelle tät ich nicht ohne Licht fahren!« Radfahrer: »I aa ned.«

Wer weiter oben sprachkundlich aufgepasst hat, bemerkte hier vielleicht, wie die Aufforderung nur als Möglichkeit verkleidet wird. Für sowas

Wer zum Starkbieranstich diese Türen durchschreitet, will sich auf was gefasst machen.

wird heutzutage häufig der Begriff »passiv-aggressiv« ins Rennen geführt. Man könnte auch einen positiveren Begriff finden und sehen, wie der Autofahrer hier sich und der Umwelt weitgehende Handlungsfreiheit und Autonomie zugesteht und der antwortende Radfahrer in den Raum stellt, dass seine Weltwahrnehmung vielleicht nicht ganz so perfekt ist. Grenzen sind dazu da, dass wir sie infrage stellen – und das sollte man auch wiederum nicht allzu offensichtlich tun. Lautstarke Demonstrationen sind daher in Oberbayern meist nur eine Sache der Zuagroastn.

Lektüreempfehlungen Ein angesichts seines Druckformates überraschend gehaltvolles und einfallsreiches Büchlein ist *Bayern für die Hosentasche* des als Krimiautor bekannt gewordenen Jörg Maurer. Trotz Nord-Vornamens ist er ein waschechter Bayer. Ich sage, dies ist sein bisher bestes Buch und etlichen anderen Gebrauchsanweisungen überlegen. Und wo wir bei Lektüretipps sind: Mitte des letzten Jahrhunderts ließ sich in Rottach-Egern nach seiner Opernkarriere der Tenor Leo Slezak nieder – seinerzeit noch bekannter als Caruso! Auf Platte ist sein entzückend böhmisch gefärbtes Deutsch zu hören, in seinen mehrbändigen Lebenserinnerungen sein böhmischer Humor zu lesen. Immerhin in Oberbayern niedergeschrieben! Wenn Ihnen Leo Slezaks Bändchen gefallen, können Sie gleich bei seinem Sohn Walter weitermachen. Der wurde zwar amerikanischer Filmschauspieler, hat aber Körperbau und Witz vom Vater. Jetzt aber zurück nach Oberbayern.

Biergarten-Knigge

Erkämpfte Freiheit

In Oberbayern findet sich das Paradies. So viel sollte schon klar sein. Doch nicht nur für Einheimische und Schon-lange-nicht-mehr-Zuagroaste kann man den Ort noch präziser ausmachen. Nicht auf dem Berg, bei der Wallfahrt oder im Festzelt erreicht man hier die elysischsten Zustände, sondern im Biergarten. Wenn das Wetter stimmt und der Himmel die Landesfarben trägt, gibt es nichts Schöneres als einen locker gefüllten Biergarten.

Halten Sie sich dran! Für frisch Zugereiste gilt es allerdings, ein paar Regeln zu lernen. Es gibt oft zwei Bereiche. Wo Tischdecken auf den Tischen liegen und die Sitzgelegenheit meist eine Lehne hat, darf man kein eigenes Essen mitbringen und wird dort oft auch bedient. An ungedeckten Biertischgarnituren hingegen darf sich laut »Bayerischer Biergartenverordnung« niemand beschweren, wenn Sie Ihre eigene Decke, frische Brezn, Käse, Radieserl, Wurst und Ähnliches mitbringen. Dass man keine Getränke mitbringen darf, sieht man natürlich ein. Anfangs war den Brauern lediglich der Ausschank ihres Bieres gestattet; man musste sein Essen selbst mitbringen. So sah es im Jahr 1812 das wegweisende Dekret König Maximilians vor. Der Biergarten ist nämlich nichts anderes als das mit Kastanien bepflanzte Bierlager der Brauerei. Vor Erfindung der Kühltechnik hielten die Keller das Bier kühl. Im Fränkischen geht man daher auch nicht in den Biergarten, sondern »auf den Keller«.

Neben guter Verpflegung zählt gute Gesellschaft im Biergarten. Sich einfach so irgendwo dazuzusetzen, gilt allerdings als Fauxpas. Die idiomatisch korrekte Formel lautet: »Verzeihen's, ist da noch frei?«

Hier ist das Mitbringen eigener Speisen untersagt. Verstöße werden umgehend geahndet.

70 Auf dem Pferderücken statt mit dem Bayernticket

Anregung zum Ausritt

Eigentlich eine praktische Sache, dieses Bayernticket: günstig zu mehreren einen Ausflug machen. Aber was tun, wenn am Wochenende mal wieder alle Züge gen Ausflugsziel überfüllt und mit allerlei Stöcken, Brettern, Schlitten und Fahrrädern verletzungsgefährdend zugestellt sind? Wenn Sie schon reiten können, erwägen Sie vielleicht einmal statt einer Wanderung einen Ausritt. Und wenn Sie es nicht können, könnten Sie es ja mal lernen. Denn es gibt in Oberbayern viel mehr Pferde, als man als zugereister Städter glaubt.

Und die Pferde erfüllen hier keineswegs nur Freizeitaufgaben. Viele kräftige und ausdauernde süddeutsche Kaltblüter helfen bei der Waldarbeit und verdichten den Waldboden beim Holzrücken viel weniger, als die Waldtraktoren dies täten. Dass hin und wieder kein reinrassiger »Bayer« mit braunem Fell, sondern dunklere österreichische Noriker oder Pinzgauer am Start sind, merken ohnehin nur wenige Pferdeliebhaber.

Prächtig herausgeputzt bringen Brauereigespanne schließlich beim Einzug der Wiesnwirte Bier in tonnenschweren Gespannen auf das Festgelände auf der Theresienwiese.

Oben: Stolz mancher Brauerei ist, das Bier mit Rossen dahin zu bringen, wo es besonders benötigt wird.
Unten: Alternatives Fortbewegungsmittel

Wallfahrt III

Nach Andechs

»Die Beyer seind ein gut Römisch andechtig volck das gern wallet.« Außer bei der Rechtschreibung kann ich Sebastian Franck zustimmen. Aber ich sehe es ihm nach; 1534 gab es noch keinen Duden. Mag der Satz heute anders geschrieben werden, so ist am Inhalt nicht zu rütteln. Denn nirgends in Europa findet man eine solche Dichte an Wallfahrtsorten. Von den 150 bayrischen liegen allein 42 in Oberbayern. Nach Altötting ist das verhältnismäßig junge Benediktinerkloster Andechs (gegründet 1392) der zweitgrößte; für Bierfreunde steht es allerdings zweifellos an erster Stelle. Seit 1455 brauen die Mönche hier ihr Bier, genauer gesagt: ihre verschiedenen Biere.

Sie sind auch darauf angewiesen, denn aus der Kirchensteuer erreicht sie nichts. Andechs liegt auf einer Erhebung über dem Ammersee, die dadurch entstand, dass zwei eiszeitliche Gletscher zwischen sich allerlei Geröll aufhäuften. Der Heilige Klosterberg ist damit ein sogenannter Drumlin. Gönnen Sie sich den Weg zum Durst, nehmen Sie nicht das Auto bis zum großen Parkplatz am Fuß des Klosterhügels, sondern fahren Sie mit der S-Bahn bis Herrsching und spazieren Sie die paar Kilometer bergauf durch den Wald nach Andechs! Es schmeckt dann noch mal so gut; und niemand muss am Steuer sitzen.

In der Klosterkirche warten auf den Pilger drei Heilige Hostien und mehrere andere Reliquien, unter anderem ein Stück der Dornenkrone. Auch für Nicht-Religiöse dürfte hingegen der Kräutergarten interessant sein. Hier dürfen Sie sogar ins Bräustüberl die eigene Brotzeit mitnehmen. Aber warum sollte man? Die Klostermetzgerei liefert schmackhafte und frisch gekochte Klassiker. Bezahlt wird nach Gramm. Man darf es also auch mal bei einer halben Portion bewenden lassen.

> **Tipp**
>
> Vor Ort aus Wilhelm Buschs *Frommer Helene* zitieren:
> Hoch von gnadenreicher Stelle
> winkt die Schenke und Kapelle.
> Freudig eilt man nun zur Schenke,
> Freudig greift man zum Getränke,
> Welches schon seit langer Zeit
> In des Klosters Einsamkeit
> Ernstbesonnen, stillvertraut,
> Bruder Jakob öfters braut.

72 Ganz schön hell hier draußen
Im Alter lohnt das Rausputzen

Im Vergleich zu anderen Regionen Deutschlands mögen die Städte und Orte in Oberbayern auf den einen oder anderen recht »jung« wirken. Man muss erst raus in die Oberpfalz bis nach Regensburg fahren, um sich wieder wie im Mittelalter zu fühlen. Dabei können sich die Jahresdaten der ersten Belege oberbayerischer Städte sehen lassen: Traunstein 1245, Rosenheim 1234, Landsberg und München 1158, Ingolstadt 806, Erding 788, Freising 555! Und das sind alles nur gesicherte Ersterwähnungen. Von den karolingischen Klostergründungen ganz zu schweigen! Da kann sich manche Ecke im Norden aber eine schöne Scheibe abschneiden! Aber zugegeben: Mit Augsburg und Kempten (15 bzw. 18 n. Chr.) darf Schwaben den Lorbeer innerhalb des Freistaats tragen – aber die soll'n halt ihren alten Kram behalten!

St. Nikolaus in München-Freimann; der 1860er-Fan hat freundlicherweise nur den hässlichen Verteilerkasten für sein Graffito genutzt.

Geheimnis der Jugend Woran liegt es nun, dass Oberbayern so jung und frisch wirkt? Alte deutsche Städte an Main und Rhein tragen ihr Alter deutlicher natursteingemauert zur Schau als jene an Isar und Lech. Das liegt an zweierlei: an weißem Putz und am Rokoko.

Oberbayern putzt sich halt gern heraus. Man will jünger wirken, als man ist. Farbe und Schmuck helfen. Die günstige Variante ist da erst mal das flächendeckende Pudern mit weißem Putz. Das verdeckt die Falten im Mauerwerk; und was heller ist, wirkt jünger. Richtige Verjüngungseffekte

Auch Neuburg an der Donau hat sich hübsch gemacht.

setzt man zusätzlich mit der frischen Lust am Bildlichen, mit Fresken, Lüftlmalerei und der dreidimensionalen Kunst der Verzierung: mit Stuckaturen. Gut, dass wir da Familie Schmuzer in Wessobrunn hatten. Die steht noch heute synonym für einen riesigen Handwerkerclan, der um die 3000 Kirchen in Barock und Rokoko verschönerte. Um die Jahrhundertwende vom 17. zum 18. Jahrhundert kam den Schmuzers in Europa keiner gleich.

Nackerte Wände Wie Oberbayern ohne Putz aussehen könnte, zeigt die Frauenkirche in München, die aber ohnehin als riesiger Monolith wie ein Fremdkörper in der Stadt steht. Freigelegtes Backsteinmauerwerk findet man aber z. B. auch am Kleinod St. Nikolaus (Turm von 957 n. Chr.!) in Alt-Freimann, das versteckt direkt zwischen der A9 und den Fernsehstudios des BR liegt.

Dass München ach so sehr leuchte, war übrigens schon bei Thomas Mann bekanntermaßen ein Ding der Vergangenheit. Der schreibt nämlich in der Vergangenheitsform (München leuchtete), allerdings nicht in einem Brief, sondern in seiner Novelle *Gladius Dei*. Liest man genauer rein, wird klarer, dass er sich ein wenig über die manchmal aufgesetzt wirkende Kunstsinnigkeit der Münchner mokiert. Seit 1961 vergibt die Stadt München trotzdem stolz die Medaille »München leuchtet« für besonders leuchtende Verdienste.

73 Gute Aussichten
Wenn Weitblick zählt

Will man in München einfach mal in Ruhe irgendwo an der frischen Luft hocken und in die Weite schauen und dafür nicht extra den Turm des Alten Peter besteigen müssen, so ist das gar nicht so einfach. Obwohl es in keinem Ort so viele Alpenvereinsmitglieder gibt, hält sich die Weitsicht in dieser Hinsicht in Grenzen. Vom Fuß der Bavaria kann man immerhin die Theresienwiese überblicken. Eher für soziologische Recherchen als zum

Wegewirrwarr am Olympiaberg

Seelengebaumel geeignet. Es gibt aber ein paar wenige Plätze, um den eigenen Augenlinsenfokus mal auf unendlich zu stellen: Der Olympiaberg ist immer gut besucht, aber das hat auch seinen Grund. Der Blick auf das Olympiagelände hinunter entschädigt schon mal, der Rundumblick über die Alpen und zu allen Hochbauprojekten Münchens oder zum Dachauer Schloss überrascht Ersttäter, der Aufstieg ist angenehm, der Weg hinunter mit einem Halt im höchstgelegenen Biergarten Münchens noch angenehmer. Oder man ist kulinarisch und höhenmetertechnisch noch anspruchsvoller und fährt gleich zum Olympiaturm hoch. Dessen Restaurant dreht sich, die Fahrt hinauf ist am Geburtstag gratis. Aber man sitzt halt wieder drinnen; und die Sache ist mit Konsum verbunden. Der kleine Bruder des Olympiabergs ist der ebenfalls aus Kriegsschutt aufgehäufte Luitpoldhügel im gleichnamigen Park. Fast so schöne Sicht, bei Weitem nicht so voll.

Bergsicht im Norden Wen es als Zuagroastn in die Nähe der »Allianz Arena« verschlagen hat, dem bietet sich der von dort auf der anderen Seite des Autobahnkreuzes München-Nord gelegene Müllberg an. Klingt schlimmer, als es ist. Der Aufstieg fordert kaum, auch mit dem Stadtrad ist er in langen Schleifen zu bewältigen, und der Ausblick lohnt: Bei hervorragender Sicht kann man von hier mit Großglockner und Großvenediger Gipfel erahnen, die bereits die Grenze zwischen Österreich und Italien markieren. Gar nicht so uninteressant ist auch die Gesellschaftsstudie, von hier den Strom der Fußballbegeisterten zu observieren, die das Stadion, pardon, die Arena, in der einen Stimmung betreten und in der anderen verlassen.

Panoramaörtchen

Strampeln und hocken Es ist Inversionswetterlage, Sie haben Zeit und wollen sich die Aussicht erradeln? Dann links der Isar über Pullach und Baierbrunn nach Schäftlarn! Es gibt kaum ein schöneres Frühlingserlebnis als nach langem Februargrau mit selbst erstrampelten Höhenmetern plötzlich die Wolken zu durchstoßen und kurz darauf verschneite Gipfel in der Sonne zu sehen. Machen die Waden noch mit, rollen Sie zum Kloster Schäftlarn runter und auf der anderen Seite der Isar hoch zur kleinen Kapelle an der Ludwigshöhe bei Straßlach-Dingharting. Nehmen Sie ein Fernglas und Proviant mit! Das Sitzen auf den dem Mittelmeer zugewandten Bänken kann länger dauern. Hier ist man dem Himmel näher als in der Frauenkirche, dem heilenden Seelenleiden näher als in mancher Selbsthilfegruppe. Aber nicht weitersagen!

Auch das Nahe kann reizen Kleine Alternativen zum Sitzen und Schauen, die durch Erblicktes überzeugen, sind bei Sonnenuntergang der Sockel des Friedensengels oder die Terrasse des Maximilianeums, die Hackerbrücke oder (ganz neu dabei) das Riesenrad hinterm Ostbahnhof. Wer Letzteres mal testet, schicke mir bitte einen Erfahrungsbericht! Als echter Münchner sitzt man eher beim Spritz, dem ewigen Trendgetränk, im Tambosi oder mit einem Kioskbier am Isarufer in den Frühlingsanlagen. Ist ja auch schön.

Isarufer, nicht mehr so gerade wie früher

Im schönen Pfaffenwinkel zwischen Loisach und Lech »links unten« in Oberbayern liegt nicht nur das Klosterdorf Polling, das für die gestalterische Rettung seines Kirchplatzes 1995 mit dem Europa-Nostra-Preis ausgezeichnet wurde. Hier finden sich überhaupt allerlei hübsche Plätzchen

Das Innere der Wieskirche

mit hübschen Kirchlein. Die hübscheste Perle dieses Rokokokolliers Pfaffenwinkel ist zweifelsohne die »Wieskirche« oder sogar ganz kurz: die Wies. Von außen fast unscheinbar und eigentlich ziemlich »ab vom Schuss«, nämlich auf einer großen Lichtung mitten im Moor, liegt die Wallfahrtskirche Zum gegeißelten Heiland auf der Wies, wie sie richtig heißt.

Welche Geschichte steckt dahinter? 1738 war die Bäuerin Maria Lory Zeugin, wie eine ausgemusterte Christusfigur Tränen vergoss. Das Prämonstratenserkloster in Steingaden hatte daraufhin seinerzeit den Bau beauftragt, ihn aber schließlich finanziell nicht überstanden. Heute gibt es noch die Kirche, aber nicht mehr ihr Kloster.

Die Wieskirche ist in Oberbayern das einzige Bauwerk mit UNESCO-Welterbe-Status, aber immerhin seit 1984. Unter den mehr als einer Million Besuchern sind zwar mehr kunsthistorisch oder ästhetisch interessierte Touristen als echte Pilger, aber der bezaubernden Wirkung können sich die wenigsten entziehen.

Nicht nur beim Kandler

Wirtshäuser der alten Art

75

Seien Sie vorgewarnt, jetzt kommt ein längeres Kapitel. Es ist so lang, dass ich es teilen muss. Seien Sie aber auch willkommen: Machen Sie es sich gemütlich, am besten nicht im wuseligen Biergarten, sondern im Inneren der vielen immer noch original-behaglichen Wirtsstuben. In Oberbayern können Wirtshäuser, was in anderen Ländern nicht mal Kirchen schaffen: Menschen verbinden, besänftigen, bessern – und nicht nur, weil an der Wand Gekreuzigter und Geweih sich verständnisvoll anblicken, ihr Leid klagen

Ein Bild von einem Wirtshaus beim Kandler in Oberbiberg

und (hoffentlich) vergeben. Die Nähe zur Kirche war einst praktisch. So konnte man sich während der Predigt schon die erste Halbe genehmigen. Es heißt übrigens meist Wirtshaus, nicht Gasthaus. In Oberbayern steht der Wirt noch stärker als Persönlichkeit im Vordergrund.

Seit die Römer in regelmäßigen Abständen Stellen zum Wechseln der Pferde (*mutationes*) und Übernachtungsmöglichkeiten (*mansiones*) einrichteten und im Mittelalter auch noch die klösterlichen Verpflegungseinrichtungen für Reisende hinzukamen, haben etliche dieser Häuser durchgehalten und schenken seit einem halben Jahrtausend in Orten aus, die über tausend Jahre alt sind. Ein Sonderfall sind die Tafernwirtschaften. Weitgehend verwandt sind sie mit Buschenschenken, Straußenwirtschaften und Heurigen. Mehr als 1000 Gasthausgebäude stehen unter besonderem Denkmalschutz – allerdings in den meisten Fällen leider nur wegen ihrer Außenwirkung, ihrer Fassade. Drinnen sieht es dagegen oft schlimm aus, nämlich ganz anders als ursprünglich geplant.

Eine der heute besonders »urig« (das Wort ist schlimm, aber nützlich) wirkenden Wirtshäuser ist erst mitten im 19. Jahrhundert errichtet worden: der Kandler in Oberbiberg. Da gab es schon richtige Ausflugslokale;

Und innen ist es noch schöner.

der Kandler konnte das Chichi anderen überlassen. Heute punktet er mit Deutschlands ältester Kegelbahn von 1905.

Trinkpaläste Man glaubt es heute kaum, aber das Bier wurde erst so richtig groß Ende des 19. Jahrhunderts, als immer mehr Menschen nachfragten und immer größere Brauereien lieferten. Sie lieferten dann bald nicht nur das Bier, sondern ließen von renommiertesten Architekten richtige Bierpaläste bauen. Das ist kein Spitzname, die Brauereien nannten sie selbst so. Von den Bierpalästen ist nur das Augustiner-Bräu in der Neuhauser Straße erhalten – dafür aber bis in die Details.

Tipp

Sollte ich Ihnen mit diesen Zeilen Geschmack auf den Besuch in einem wirklich traditionellen Wirtshaus gemacht haben, und sollten Sie gar kunsthistorisch-architektonisch interessiert sein, so empfehle ich Ihnen die Reihe *Genuss mit Geschichte*, in der neben dem Band über Gasthäuser auch Bände zu Brauereien und Bädern vorliegen. Der Band *Einkehr in bayerischen Denkmälern* wurde gleich von mehreren bayerischen Ministerien (Wissenschaft und Wirtschaft) in Auftrag gegeben, sowie von Denkmalpflege-, Heimatpflege- und dem Hotel- und Gaststättenverband, und ist vor allem baugeschichtlich geschrieben, aber atmosphärisch interessant. Greifen Sie zu dem Buch, wenn Sie sich frei in Holzarten und kunstgeschichtlichen Gattungen bewegen können und wenn Ihnen Begriffe wie traufseitig, orthogonal, Stichbogenfries und Schopfwalmdach, Tenne, First und Schwemme eine freudige Gänsehaut bereiten.

Besonders echt

Da will man sitzen bleiben

Die folgenden Wirtshäuser darf ich auf keinen Fall unerwähnt lassen: Die Gotzinger Trommel in Weyarn nennt sich selbst »Trutzburg des Bairischen«, was vor allem ihrem Wirt zu verdanken ist. Das Weiße Bräuhaus (im Tal in München) will sich nicht mehr so nennen. Mal sehen, wie lange es gegen Einheimische und Reiseführerliteratur ankämpfen kann. Schließlich kann es sich rühmen, das Weißbierbrauen revolutioniert zu haben. Der wirklich Alte Wirt in Obermenzing liegt wie anno dazumal neben Kirche (für die Menschen) und Schmiede (für die Huftiere). Und er bietet sich für eine erste oder letzte Pause am Autobahnzubringer Verdistraße an.

Erlebenswert sind unter vielen anderen auch das Fraunhofer in München, der Fischerwirt in Landsberg am Lech oder das Gasthaus Schönmühl in Penzberg. In der Obermühle in Marzoll kann man in der siebten Generation Fisch und Wild genießen. Wenn man indes auf »Neue Sachlichkeit«

steht, kann man diese seit der letzten Renovierung besonders stimmig im Bergrestaurant Predigtstuhl hoch über Bad Reichenhall erleben. Unten im Ort findet sich das Bürgerbräu; der Listwirt im Ortsteil Nonn liegt ebenfalls paradiesisch, ist aber nach mehreren Pächterwechseln zurzeit geschlossen. Im Auge behalten!

Wenn man einige Male in Folge in solchen Häusern einkehrt, will man anschließend nie wieder in ein Lokal, das erst 50 Jahre jung ist. Zur Gastlichkeit gehört halt mehr als Angebot und cooles Ambiente, sondern auch Haltung, Weitblick und Marktferne. Ob man damit automatisch kommerziellen Erfolg hat, wage ich allerdings zu bezweifeln.

Älteste Weißbierbrauerei Bayerns, allerdings im niederbayerischen Kelheim gelegen; steckt aber mit dem gleichnamigen Lokal in München unter einer Decke

77 So ist's recht
Hoagartn

Die Tradition des Hoagartn (in vielen Schreibweisen) findet man in Bayern, Österreich und Südtirol. Hier treffen sich ungezwungen Musik- und Gesangsgruppen zur Blas- und Volksmusik in Wirtshäusern. Geld wird traditionellerweise nicht verdient, auch keines vom Wirt eingenommen. Manchmal geht oder steht ein Teller rum, der den Musikern manches erleichtert. Geregelt ist nix, weder Abfolge der Stücke noch Zusammensetzung der Ensembles. Ob wer gut zusammenspielt, zeigt sich. Hoid a Jam session (bairische Aussprache: tschäm). Nur am Ende spielen alle zusammen oft noch mal ein Stück. Das Wort Hoagartn kommt vom Heimgarten. Vor allem auf den Dörfern saß man draußen in der Sonne vorm Haus und unterhielt sich. In Südtirol hat sich diese Bedeutung erhalten. Da reicht es, wenn man ratscht; Musik kann, muss aber nicht.

Zart besetzt

Im Fraunhofer kann man dies sonntags als »Musikfrühschoppen« erleben. Aber auch in vielen anderen Wirtshäusern findet immer mal wieder ein Hoagartn statt. Schauen Sie auf die Seiten der Kulturreferate; die sind beim Organisieren oft mit im Boot. Wenn Sie dann mal live Zeuge werden können, sind Sie vielleicht überrascht, dass selbst oberbayrische Blechblasmusik eine zart gestrickte Sache sein kann. Lauter wird es bei der Tanzmusi. Man wundert sich über leise Klänge und die ganz eigene Rhythmisierung im Kleinen. Präzision und Feinheit stehen höher im Kurs. Man wundere sich also nicht, wenn die gesungenen Texte recht nüchtern vorgetragen werden. Das kommt einem nur so vor. Es muss sich ja auch etwas anstauen, was sich anschließend im Juchzer freie Bahn bricht.

Im Fernsehen kann man das Hoagartn-Konzept in der BR-Sendung »Zsammg'spuit« erleben. Dort ist alles natürlich wesentlich geplanter und geradliniger durchgezogen.

Und so erst recht

Stubnmusi

Was draußen Hoagartn heißt, nennt man då herinn Stubnmusi. Das darf man aber nicht verwechseln mit Hausmusik, bei der sich einfach nur die Familienmitglieder zu Hause, äh daheim, gegenseitig zuhören. Die Stubnmusi (also »Wohnzimmermucke«) hält sich in der Regel in Lautstärke und Texten etwas zurück. Eine Stube erlaubt halt nicht unbegrenzten Instrumenteneinsatz. Es wird darum meist eher gezupft als geblasen. Eine Gitarre ist fast immer dabei, gerne auch eine Zither oder ein Hackbrett, allerdings keine Blechblasinstrumente, höchstens Klarinetten oder Blockflöten. Wenn es lustiger zugeht, kommen Maultrommel und – als Oberbayerns Variante der Kastagnetten – die zwei gegeneinander gehaltenen Löffel zum Einsatz. Das Harmonikainstrument ist meist eine sogenannte »Steirische« mit Knopftastatur, die beim Drücken und Ziehen unterschiedliche Töne erzeugt. Mit der Steiermark hat sie nichts zu tun; der Name soll nur »ländlich« assoziieren.

Eine Steirische

Zither vor Kachelofen

Zurückhaltung gefragt Selten erzeugen bei einer Stubnmusi – das bezeichnet sowohl die Veranstaltung als auch das Ensemble der Musizierenden – mehr als drei Musiker singend oder spielend Klänge. Eine Stubnmusi ist ein Zwischending zwischen Konzert und Hintergrundbeschallung. Darum ist auch das Pausen-Timing ungewohnt. Zwischen den einzelnen Stücken sind oft mindestens so lange Pausen, damit die Gesprächsfäden nicht reißen. Meist wird auch recht schnell klar, welche Stücke zum Zuhören gedacht sind und welche nur eine schöne Atmosphäre liefern sollen. Die Musizierenden spielen sich nicht auf oder in den Vordergrund. Das gilt auch bei der Interpretation. Hier wird zurückhaltend phrasiert.

Bayerische Sozialrhythmik Für Nordlichter fällt dabei manchmal eine Eigentümlichkeit alpiner Volksmusik auf, ein winziges Innehalten, ein Zögern. Fast so, als habe die Musik einen kleinen Aussetzer. Hier spiegelt sich in der Musik etwas, was man auch bei Gesprächen im Bairischen zwischen Muttersprachlern beobachten kann. Bairisch hat ein eigenes Timing! Das führt sogar dazu, dass manchmal Geste und dazu gehörendes Wort leicht versetzt gegeneinander »geschehen«. Wenn Horst Seehofer nicht eine Rede vorträgt, sondern frei spricht, kann man dies manchmal beobachten: Erst kommt die Geste, dann folgt der Ausdruck dazu: Kopfnicken… Pause … »Gell?« Das erweckt den Eindruck, der Oberbayer holpert im Denken oder sei langsam. Ist er aber nicht. Er ist in Teilen so weit voraus, dass die anderen als Nachzügler wirken. Und er gibt sich Gelegenheit, die Geste anschließend selbst noch mal anders zu deuten.

Denkmal und Handwerk

Beispiel Lüftlmalerei

Speziell oberbayerisches Lebensgefühl und regionale Handwerkstradition finden ihren schönsten gemeinsamen Ausdruck in der Lüftlmalerei. Besonders im Oberland und im benachbarten Tirol findet sich diese reizende und durch ihre lang erprobte Technik besonders haltbare Kunst am Bau. Auf einer Tour durchs Werdenfelser Land kann man ganze Fassaden finden, auf denen mal zierliche Heiligenbilder, mal handfestere Szenen aus dem Leben dargestellt sind. Besonders prachtvoll ist die Front des Restaurants Husar in Garmisch. Aber auch die Alpenrose in Mittenwald lässt sich sehen. Hier zog schon in der Renaissancezeit der Erfinder des Essays, Michel de Montaigne, auf seiner mehrjährigen Gewaltkur durch halb Europa durch, um seine Nierensteinbeschwerden im Dampfbad zu lindern. Beim Lüftlmalen kann man

sich nicht beliebig viel Zeit lassen. Ihre Lebendigkeit und Leichtigkeit im Strich erwerben die Lütflmalereien auch dadurch, dass sie flugs auf den noch feuchten Putz aufgetragen werden müssen. Einige allzu kantig-stramme Beiträge aus den Dreißigern sind noch in Garmisch und Umgebung erhalten und künden von einem aus Berlin – nicht nur anlässlich der Olympischen Spiele – verordneten Bayern- und Deutschlandbild, das den Hiesigen doch allzu steif in Geist und Körperhaltung vorkommen müsste, auch wenn es seinerzeit etliche Anhänger fand.

Seit den 1960ern hat die Familie Pfeffer neues Leben in die Lüftl gebracht. Vom Vater Sebastian übernahm Sohn Stephan Können, Werkstatt und den Ehrgeiz, eine alte Tradition mit neuen Ideen ins Jetzt zu führen.

Haus auf Haus: eine rustikale Variante der Lüftlmalerei

80 Brauchtum und Heimatpflege
Jetzt holt er die Peitsche!

Als Zugereister, zumal von außerhalb Bayerns, macht man sich kaum einen Begriff, wie sehr hier Volksglaube, Aberglaube und damit verbundene große und kleine Rituale das Leben und den Jahreslauf traditionell prägten. Das ging seit dem Krieg stark zurück. Und wer nicht damit aufwuchs und wem Bedeutung und Wichtigkeit dieser vielen kleinen Handlungen nicht mit der Muttermilch eingeflößt wurden, der sollte vielleicht nicht im Assimilationsübereifer damit anfangen, Amulette und Bildchen zu sammeln, Kräuter gegen oder für alles Mögliche anzubauen, Flurumgänge und Flursegen zu veranstalten. Das fiel auch der Obrigkeit auf. 1848 schickte König

Bei der Leonhardifahrt in Bad Tölz

Max II. im Rahmen der »Bayernforschung« auch Volkskundler los, um Bräuche festzuhalten. Parallel dazu bildeten sich vor allem seit den 1890ern Heimatvereine und deren Verbände.

Vorsicht: Abstand halten! Ein Brauch, bei dem man sich gleich auf vielleicht ungewohnte Geräusche gefasst machen muss, ist das Schnalze(l)n. Goasslschnoiza greifen zur Kutscherpeitsche mit langem Stiel und kurzer Schnur oder noch besser zur langen Fuhrmannspeitsche mit kurzem Griff und langer Schnur. Besonders beeindrucken sie beim Aperschnalzen, dem Vertreiben des Winters zwischen 26. Dezember (Stephani) und Fasching, aber vor allem beim Rupertigau-Preisschnalzen am Festnachtssonntag. In Gruppen, hier Passe genannt, stehen sie locker, aber breitbeinig, auch im eisigen Februar mit nackten Waden. Der Könner kann's halt und muss nicht angeben.

Schickte die Heimatforscher los: König Max II.

Amtliche Pflege Dass solche Bräuche nicht verloren gehen, dafür sorgen Brauchtumspfleger. Unzählige Vereine und ihre Organe stehen ihnen dabei zur Seite. Um viele andere Traditionen, auch bauliche, kümmern sich die Heimatpfleger. Kaum irgendwo sind Bezirksheimatpfleger so bekannt wie hier. In Oberbayern ist es zurzeit und schon seit 2012 Norbert Göttler. Ein Mann, der – Gott sei Dank! – auch schreiben kann. Wollen Sie in die Materie einsteigen, sind seine Schriften beste Lotsen. Die »Fachberatung Heimatpflege« des Bezirks Oberbayern findet man im Kloster Benediktbeuern. Als Zuagroaste dürfen Sie gern mitmachen bei der Heimatpflege, denn es ist ja jetzt auch Ihre Heimat. Und Pflege heißt nicht, dass alles genauso bleiben muss, wie es »immer« schon war.

81 Traun's eana!
Diese Tänze kann man lernen

Wer Tracht trägt, tut was mit ihr. Außer in der Kirche sitzend ist der Trachtenträger meist auf seinen Füßen unterwegs, pilgert hierher, prozediert dort mit, zieht auf die Wiesn ein oder zur Tanzlinde hinaus. Denn erst beim Tanz offenbart sich das ganze heitere Wesen. Das scheint sich wieder herumzusprechen, denn seit einiger Zeit geht es aufwärts beim Volkstanz. Gerade die jungen Leute, die zuvor überhaupt nicht damit in Berührung kamen, finden Spaß daran, in Tracht oder völlig leger gewandet bei diversen Feierlichkeiten Landler, Boarische oder Zwiefache zu tanzen. Und die Gelegenheiten dazu werden auch wieder häufiger.

Besondere Gelegenheiten Man muss es ja nicht gleich nach allen Regeln der Kunst beherrschen, wie es z. B. beim Tanz der Schäffler, der Zunft der Fassbinder also, gezeigt wird. Früher gab es viele solcher Zunfttänze und -traditionen. Der Schäfflertanz ist einer der letzten; und selten ist er obendrein: Nur alle sieben Jahre kann man ihn auf dem Marienplatz erleben. Nur entfernt verwandt damit ist der Kocherlball immer am dritten Sonntag im Juli. Die Dienstboten wollten selbst auch feiern und tanzen, hatten dafür aber nur in den frühen Morgenstunden Zeit. Diese Tradition hat man wieder aufleben lassen und trifft sich zu diversen Tänzen völlig ungezwungen und in Kostüm. Machen Sie mit! Kommen Sie auch nicht erst früh am Morgen, sondern übernachten Sie am besten gleich am Chinesischen Turm! Mittlerweile bringt man sich schon alles dazu Nötige mit und feiert rein.

Schäfflertanz in Rosenheim

Kurse jetzt buchen! Die bayerischen Tänze, die Sie für den Kocherlball oder für den tanztechnisch verwandten Kathreintanz am 25. November im Hofbräuhaus gut gebrauchen können, kann man in diversen Tanzkursen lernen. Auch für Anfänger sind diese Tän-

Tanz in Neuötting, schon in Kleinbesetzung eine Freud!

ze geeignet; man braucht nur ein bisschen Erinnerungsvermögen. Athletik ist nicht nötig. Und wer ohnehin schon irgendwann einmal einen Walzer oder eine Polka gelernt hat, muss nun nur ein paar Variationen lernen; bei Figurentänzen kommen dann sogar kleine Choreografien hinzu, bei denen dann schon das Zuschauen Spaß macht.

Nur nicht versteifen! Darum ist gerade hier der Zwiefache auch so beliebt: Man freut sich darüber, wie er die allzu Sicheren und Steifen aus dem Takt bringt und wie die Gschmeidigen ganz selbstverständlich zwischen den Taktarten wechseln. Als Oberbayer ist man nämlich im Idealfall elastisch – körperlich, seelisch und eben auch weltanschaulich. Und darum missversteht man als Berliner oder Bonner oft die hiesigen Politiker. Denn sie sind leider in unserem System genötigt, eine Position einzunehmen, was ihnen sehr widerstrebt und der oberbayrischen Natur völlig zuwiderläuft. So kommt vieles extremer rüber, als es gemeint ist.

Bayerische Politiker meinen das gar nicht so überdeutlich. Alles Absolute, Extreme und Poltrige ist eher tendenziell zu verstehen. Man muss halt übers Ziel hinausschießen, um im Kompromiss letztlich dort zu landen, wo man hinwollte. Als Wähler freut man sich darüber, dass es diese lauten Berufspolitiker gibt, weil die einem das abnehmen, was einem selbst nicht so liegt.

82 Von Format
Literaten

Viele Literaten zog es nach München. Erich Kästner wurde Wahlmünchner, Joachim Ringelnatz gar Hausdichter im *Simplicissimus*. Der rührige Literaturwissenschaftler Artur Kutscher lockte viele her – oder hielt sie hier, zum Beispiel Hermann Löns.

Aber fast egal, weshalb sie kamen oder hierblieben, ihre Liste ist lang. Hier nur eine persönliche Auswahl: Franz Innerhofer, Herbert Achternbusch, Ludwig Ganghofer, Franziska Gräfin zu Reventlow, Lion Feuchtwanger, Michael Ende, Erika, Klaus und Golo Mann, Annette Kolb, Frank Wedekind, Patrick Süßkind, Eugen Roth, Christian Morgenstern, Konstantin Wecker, Hans Söllner, Hans Magnus Enzensberger und Daniel Kehlmann.

Zu einer Handvoll verliere ich je noch ein weiteres Wort. Bei ihm kann man besonders gut Bairisch lernen: Oskar Maria Graf rief die Nazis auf, seine Bücher zu verbrennen. Und wie das mit den Nazis und dem Gehorchen ist: Sie taten es 1934. Eine Generation früher konnte man sich als französischer Literat auf Münchens Straße noch ganz wohlfühlen, so Dominique Durandy im Jahr 1910: »München ist das Lächeln des strengen und stillen Deutschland. Man atmet freudig auf in dieser schönen, eleganten Stadt. Auf allen Straßen herrschen Frohsinn und Heiterkeit.« Kein Wunder: Es war Jubiläums-Wiesn. 100 Jahre Oktoberfest mit zwölf Millionen Litern Bier.

Schön im Land Ba Yan! Herbert Rosendorfer wurde 1934 bei Bozen geboren. In Südtirol erlebte er nicht viel und konnte sich in München schnell einleben, da er schon mit fünf Jahren dorthin übersiedelte, weil seine Eltern Italien wegen des Hitler-Stalin-Paktes den Rücken kehren mussten. In seinem Roman

Ludwig Thoma, wie Karl Klimsch ihn sah

Briefe in die chinesische Vergangenheit beschreibt er mit Mitteln der Satire, wie ein Chinese aus dem 10. Jahrhundert unsere Welt in München wahrgenommen hätte.

Der 1876 in Oberammergau geborene und 1921 in Tegernsee gestorbene Ludwig Thoma steht noch heute für oberbayerischen Humor, obwohl manches in seinem Denken auch überholt sein mag. Im Ludwig-Thoma-Haus in Tegernsee kann man sich ihm nähern. Lena Christ wurde nur 39 Jahre alt und hielt Ludwig Thomas *Lausbubengeschichten* ihre *Lausdirndlgeschichten* entgegen.

Der scharfzüngige Einmischer Carl Amery wurde 1922 als Christian Mayer in München geboren und verbrachte seine Jugend in Freising und im niederbayerischen Passau. Ihm wird allerlei

Büste von Lena Christ am Rathaus in Glonn

angehängt, war er doch mit seiner Feder in vielen Genres und an vielen Fronten aktiv: moralisch, utopisch, kritisch – und dabei sprachlich geschliffen.

Tipp 1 Als Beispiele für zwei lebende Literaten verschiedener Generation und unterschiedlichen Geschlechts werfe ich Mercedes Lauenstein und Matthias Politycki in den Ring. Beide können wunderbar beobachten, sie in der Nähe, er in der Ferne.

Tipp 2 Einen sehr schönen Überblick über Bücherorte, Bibliotheken, Lesecafés und dergleichen bietet *Bayern erlesen!* von Bernhard Hampp.

Tipp 3 Wenn Ihnen überhaupt nicht nach Lesen sein sollte, Sie aber trotzdem Interesse an Literatur in Oberbayern haben (wieder so ein oberbayerisches Paradoxon), dann begleiten Sie Dr. Dirk Heißerer auf seinen literarischen Spaziergängen und Exkursionen! So »liest« man sich gern in eine Region ein.

83 Ganz lokal
Reporter und Filmleute

Ein Prachtkerl: Prinzregent Luitpold

Die »gute alte Zeit«, das waren die Jahre der Regentschaft von Prinzregent Luitpold: 1886 bis 1912. Die gute alte Zeit 2.0 begann mit dem Wirtschaftswunder und endete mit der Wiedervereinigung, in deren Rahmen Oberbayern, vor allem München, einen Großteil seiner Künstler und Gelehrten nach Berlin verlor. Diese Zeit war nicht nur deshalb gut, weil es damals noch einige beflissene Kolumnisten gab, die es sich regelmäßig zur Aufgabe gemacht hatten, es sich selbst und uns Zugereisten einfacher zu machen und Bayerns Alltag zu erklären. Da wären zunächst der verdrießliche Herr Hirnbeiß, für dessen Texte und Cartoons seit 1961 Franziska Bilek verantwortlich zeichnete.

Der gute Geist schlendert Eine andere Kolumne, nämlich »Blasius, der Spaziergänger«, fand man immer in der Wochenendausgabe der AZ, der *Abendzeitung*. Blasius war auch eine erfundene Figur, aber nicht wirklich. Dahinter steckte Sigi Sommer, der ebenso begeistert durch die Straßen spazierte und ansonsten mit scharfer Zunge, aber irgendwie doch liebevoll dies und jenes kritisierte. Er traute sich halt. Manchmal traute er sich auch zu viel. Kennen Sie den Film *Das Apartment* von Billy Wilder? Jack Lemmon stellt darin regelmäßig und dabei -widrig seine Wohnung seinem Chef für Treffen mit Damen zur Verfügung. Sigi tat diesen Liebesdienst für seinen Verleger und erhielt dafür sechs Monate auf Bewährung. Er war so beliebt

Immer noch auf Achse: Sigi Sommer

bei den Lesern, dass diese ihn nicht gehen lassen wollten: Selbst lange nach seinem Tod 1996 spaziert er immer noch als Statue durch München. Anzutreffen ist er meist in der Rosenstraße am Rindermarkt.

Unser Mann fürs Fernsehen Ein anderer, der uns München erklärte, war Helmut Dietl. 1944 wurde er am Tegernsee geboren, verbrachte seine Jugend aber in München. Dort ließ er sich auch künstlerisch und geisteswissenschaftlich bilden (in Theaterwissenschaft, Kunstgeschichte, Literatur und Anglistik) und wurde bald Regieassistent an den Kammerspielen und beim Fernsehen. Seine Fernsehserie *Münchner Geschichten* brachte ihm bereits 1976 den Deutschen Filmpreis und wendete sich damals bereits gegen Entmietungen einfacher Leute in potenziellen Edellagen (hier: im Lehel). Auch *Der ganz normale Wahnsinn* nimmt die üblichen Probleme der Menschen in den Blick. Deutschlandweite Bekanntheit erlangte Dietl schließlich mit *Monaco Franze* und *Kir Royal* (mit Franz Xaver Kroetz als Klatschreporter und Dieter Hildebrandt als dessen Fotograf), die seinen Ruf als München-Kenner und -Beschreiber in Granit meißelten.

Unser Mann fürs Kino Möchten Sie hingegen auf der Mattscheibe oder Leinwand die oberbayrische Welt außerhalb Münchens kennenlernen, so schauen Sie sich mal Filme von Marcus H. Rosenmüller an! Der stammt auch vom Tegernsee und fiel zuletzt vor allem durch seine Nockherberg-Singspiel-Inszenierungen auf, hat jedoch unter anderem mit *Wer früher stirbt, ist länger tot* einen entzückenden Blick in die Seele eines kleinen oberbayerischen Buben geworfen, der sich schuldig am Tod seiner Mutter fühlt und ewiges Schmoren im Feuer fürchtet. Keine Sorge: Trotz der Thematik ein heiterer Film, der zudem im Wirtshaus Kandler in Oberbiberg gedreht wurde.

Marcus H. Rosenmüller

Humor II

Oberbayerische Realitätsbewältigung

Für den Oberbayern ist Humor nötiger als für andere. Es ist nicht nur eine Möglichkeit, die Welt zu ertragen, sondern sie überhaupt erst einmal in ihrer Absurdität zu erkennen. Der Oberbayer ist kein Wissenschaftler, der sie erkundet und Sachverhalte »fest-stellt«. Für ihn ist viel interessanter, was alles möglich wäre. Die Welt zu verstehen gelingt daher besonders gut in zwei Formen, die man im Idealfall verbinden kann: dem Drama und dem Witz. Die erste lotet unsere Handlungsmöglichkeiten aus, die zweite gibt dem Ganzen zusätzlich die Dimension des Paradoxen. Darum steht im oberbayerischen Humor auch der Witz nicht an erster Stelle. Und darum versteht man ihn als Zugereister auch nicht sofort oder erkennt gar nicht einmal, wenn eine Sache eventuell humoristisch gemeint sein könnte.

Man muss schon zuhören! Gerhard Polt ist so ein Fall. Auf YouTube kann man mit Schrecken sehen, wie viele in den Kommentaren seinen Witz bejubeln

Gerhard Polt

und dabei nicht merken, dass er eine Rolle spielt und ihnen eine Falle stellt. Damit ist er dem ähnlich missverstandenen Moralisten Loriot nicht unähnlich, tritt nur meist ungleich zorniger auf. Und damit übertrumpfen beide den Comedian, bei dem immer klar ist, was er meint und an welcher Stelle des Witzes man sich gerade befindet (z. B. an Punkt 1 Hinleitung, 2 Katastrophe, 3 Pointe).

Gemeinsam können sie einem Vorbild danken, das wie kein anderes für oberbayerischen Humor steht, obwohl er Protestant sowie Sohn eines Hessen und einer Sächsin war: Karl Valentin. 1882 erblickte er als Valentin Ludwig Fey das Licht Münchens, wo er 66 Jahre später an einer Lungenentzündung starb. Kurt Tucholsky sagte über ihn: »Er ist sanft und zerbrechlich, schillert in allen Farben wie eine Seifenblase; wenn er plötzlich zerplatzte, hätte sich niemand zu wundern.« Viele etwas schwer zu greifende Humoristen haben ihn als Vorbild genannt oder offensichtlich zum solchen genommen; neben den erwähnten Loriot und Polt muss der Name Helge Schneider fallen.

Podestplatz gesichert Für Jörg Maurer zählt Valentin (das V immer schön bairisch als F aussprechen!) neben Franz Kafka und Samuel Beckett überhaupt zu den drei größten Humoristen des 20. Jahrhunderts – was vor allem Fragen zu Kafka und Beckett aufwirft.

Sie merken: Ich hüte mich, hier ein Humorbeispiel zu bringen. Das wäre auch anmaßend. Und die Sache ist zu wichtig. Im (ober-)bayerischen Humor muss man mitdenken, muss man Kontext und Geschichte drum herum parat haben. Auf den ersten Blick absurde Witze bleiben einem später im Hals stecken.

Als Resumee ein Tipp Wenn Sie in Kurzform bayerischen Humor in dieser besten Form erleben wollen, schauen Sie mal im Netz nach dem Videomitschnitt jener Rede, die Christian Springer für Günter Grünwald hielt, als diesem der Sigi-Sommer-Taler verliehen wurde! Damit haben Sie auch gleich drei wichtige Namen zusammen, die in Bayern weltbekannt sind, aber in Warnemünde für Stirnrunzeln sorgen könnten.

Der bayerische Humor ist keiner, der aufs Lachen zielt. Er kommt ohne Wortspielereien und Pointen aus. Überhaupt vermeidet er das Offensichtliche. Es ist vielmehr eine Haltung dem Leben und den Situationen gegenüber, in der er sich zeigt. Er hilft beim Ertragen, denn er sagt: Es ist alles eh viel schlimmer, als man vermutete. Die Lage ist hoffnungslos, aber nicht ernst. Kein Schenkelklopfen mit Pointen, die auf die Zehntelsekunde genau terminiert sind. Der Perfektionist und Vorzeigepreuße Vicco von Bülow hat in Oberbayern vielleicht deshalb seine Wahlheimat gefunden.

Karl-Valentin-Brunnen in München

85 Humor III
Schad is' scho: de Biermösl Blosn

Im Thüringischen galt der Name Bach über viele Jahrzehnte tatsächlich als Synonym für »Musiker«. »Habt Ihr schon Eure nächsten Bachen für die Michaels- und Stefanskirche gefunden?« Familie Well aus Günzlhofen im Landkreis Fürstenfeldbruck versuchte, es den Bachs gleichzutun. Die vielen Kinder von Hermann und Gertraud Well spielen zusammen mehr Instrumente, als es überhaupt gibt, und treten in diversen Formationen auf und in Erscheinung. Zwei Trios haben es dabei zu besonderem Ruhm gebracht: seit 1986 die Wellküren Vroni, Moni und Burgi sowie bereits seit 1976 die Biermösl Blosn, die sich aus Hans, Michael und Christoph, genannt Stofferl, zusammensetzte.

Vor allem diese »Blase (Blosn = Gruppe/Gang) des kleinen Beerenmooses« war in den Achtzigern, Neunzigern und Nuller-Jahren das musikalisch-satirische Sprachrohr einer kritischen Opposition. Als Höhepunkt der Karriere gilt das Sendeverbot im Bayerischen Rundfunk, nachdem die drei die gesetzlich besonders geschützte Bayerische Landeshymne umgetextet haben zu »Gott mit Dir, Du Land der BayWa«.

Vergeben und fast vergessen; es wird schon lange wieder gesendet – nur nicht mehr im legendären Dreierteam, dem sich manchmal Gerhard Polt hinzugesellte und als Papst Benedikt mit dem Laubbläser für Ordnung pustete. Die Biermösl Blosn löste sich gegen bayernweite Proteste 2012 auf. Michael und Christoph treten weiterhin als Wellbrüder aus'm Biermoos auf, Hans Well holt sich Unterstützung bei seinen Kindern, die dann unter Wellbappn laufen. Als einer von mehreren Übersetzern bringt er zudem *Asterix* ins »Südwestmittelbairische«.

> ### Tipp
> Es gibt sogar auch Asterix-Bände in der Lokalvariante des Münchnerischen. Falls es Sie oder Bekannte nach Neuhausen verschlagen hat, wäre der Band *Neihausn fia Zuagroasde* (standarddeutscher Titel: *Die Trabantenstadt*; übersetzt von Wolfgang J. Fuchs) vielleicht ein hübsches Willkommensgeschenk.

Loriot und die Assimilation

Ach was!

Ich habe jetzt viele Assimilationshürden erwähnt, möchte Ihnen aber nicht den Mut nehmen. Dass die Assimilation in Oberbayern möglich ist, haben viele bewiesen, die aus anderen Ecken der Welt kamen. Bei meinem ersten Vornamen nimmt man mir auch kaum eine bayerische Herkunft ab. Wer dann auch noch den zweiten kennt, glaubt mir eher die Anwartschaft auf den norwegischen Thron als auf ein Stammseidlfach im Hofbräuhaus. Aber ich bin ja auch kein gutes Beispiel.

Daher möchte ich einen nennen, der gern aus dem Norden kam und gern hier blieb. Es ist kein anderer als Vicco von Bülow, den viele als Vorzeigepreußen empfinden, der aber bereits 1963 nach Ammerland am Starnberger See zog. Er wird schon einen Grund gehabt haben. Und als Humorist nicht verstanden zu werden, wäre sicherlich Anlass zum raschen Wegzug gewesen. Immer-

Die Ente bleibt draußen!

hin wurde er sogar irgendwann Ehrenbürger, was sehr für eine gelungene Assimilation spricht. Wenn man schon mal am Ostufer des Starnberger Sees unterwegs ist oder im nahen Wolfratshausen wohnt, bietet sich als Wallfahrtsziel für alle Exilpreußen, Knollennasenfreunde und Anhänger des geschliffenen Wortes ein Besuch beim Loriot-Denkmal an, das im Jahr 2017 in Münsing, wozu Ammerland als Ortsteil gehört, eingeweiht wurde. Der kleine Ort, der nun zwei nackte Preußen aus Bronze auf seinem Dorfplatz in einer Wanne sitzen hat, war Loriot zur geliebten neuen Heimat geworden.

Kommen Sie bitte nicht im Winter, denn die Granitwanne soll ja nicht trocken liegen, in der Dr. Klöbner und Herr Müller-Lüdenscheidt um die Ente streiten, die Sie allerdings bitte selbst mitbringen. Fortgeschrittene Loriot-Rezipienten nähern sich dem Denkmal respektvoll mit dem Satz »'tschuldigen Sie, ist das hier Zimmer 107?«

87 Gestalter und Gestalten
Originale

Wenn Menschen bereits zu Lebzeiten in den Status des »Originals« aufsteigen, stehen die Chancen nicht schlecht, dass man ihnen irgendwann zum Status auch eine Statue verpasst. Auf dem Münchner Viktualienmarkt kann man so einige kleine Statuen von bekannten und nicht mehr so bekannten Originalen bewundern. Darunter ist auch der Roider Jackl (Jakob Roider stand im Ausweis), der legendäre Gstanzlsänger.

Ober-MP F. J. S. Ein anderer stand wie kaum ein anderer für Oberbayern, und das, obwohl sein Vater Franke und seine Mutter Niederbayerin waren: Franz Josef Strauß. Immerhin wurde er schon in München geboren; das wollen wir zählen lassen. Dass Edmund Stoiber vier Jahre länger im Ministerpräsidentenamt war als Strauß und Horst Seehofer genauso lange, glauben viele nicht. Es waren nur zehn Jahre, aber sie umfassen in der Rückschau heute gefühlt die Zeit von 1945 bis 1991, also weit über seinen Tod 1988 hinaus. Er hat es vom echten Menschen zur mythologischen Figur gebracht. Nicht wenige glauben (oder hoffen), dass er drom em Himme hockt und schaut und sich wundert und grantelt und zu gern seine himmlischen Ratschläge der bayerischen Regierung übermitteln würde. Heute gedenkt man seiner mit jedem Applaus bei Landungen auf dem Franz-Josef-»Flugbenzin«-Strauß-Gedenkflughafen, der näher an Freising oder Erding liegt als an München, und der ihn zum 100. Geburtstag auch mit einer imposanten Büste ehrte.

Roider Jackl, die Gitarre immer griffbereit

Der Schmied von Kochel; noch heute ein Held

Der verewigte Stenz Die Macht des Mythos zeigt sich auch beim Monaco Franze, wozu der Schauspieler Helmut Fischer posthum wurde. Im Fernsehen spielte er ihn nur in Helmut Dietls gleichnamiger Serie. Wer heute an dem kleinen Denkmal im Draußensitzbereich seines Lieblingscafés an der Münchner Freiheit vorbeikommt, wird den dort entspannt im Mantel die Menschen beobachtenden Cafébesucher aber kaum anders grüßen als mit »Schau her, der Monaco, ja griasdi!« Dass Helmut Fischer bereits seit über 20 Jahren tot ist, halten viele für ein Gerücht.

Handgreifliche Männer der Tat Legenden aus schon wesentlich ferneren Zeiten fallen hingegen durch überraschend ausgeprägte kriminelle Energie auf: Georg Jennerwein vom Schliersee kämpfte für eigene Freiheit und Unabhängigkeit beim Wildern, nicht etwa siegreich in der bayerischen Armee gegen den äußeren Feind Bayerns. Michael Heigl beraubte reiche Bauern und Geistliche. Bayerischen Humor bewies Räuber Kneißl bei der Todesurteilsverkündung am Montag »De Woch fangt ja scho guat o.«

Revoluzzer und Rebellen wie Elser, Klostermayr oder der Schmied von Kochel (alles Talentierte, aber letztlich Gescheiterte) zeigen Risiko und Herz und neigen dazu, Regeln und Obrigkeiten nicht immer ohne Weiteres hinzunehmen. Zu Originalen der Jetztzeit könnten in diesem Sinn die Huber-Buam werden. Denn sie tun, was alle wollen und kaum einer sich in dieser Form traut. Sie packen den Fels an. Hund sans scho!

Darüber geht nix mehr Wie wollen wir die lange Liste schließen? Wer fehlt? Zu wem schaut Oberbayern auf? Hier ein willkürliches Angebot, aus dem Sie sich Ihre Top 3 aussuchen dürfen: Vor Franz Beckenbauer wurde »unser« Ludwig IV. schon 1328 zu Kaiser Ludwig dem Bayern. Kaiserin Sisi war eine Oberbayerin. Wir waren gar Papst, als Joseph zu Benedikt wurde. Darüber geht fast nix mehr. Die höchsten Ehren als MVP (*most valuable player*) lassen wir den Franken mit Dirk Nowitzky. Gönnen wir ihnen das Trostpflaster, denn mia ham jä an Hackl Schorsch! Darüber geht nix mehr.

GRaZ (Größter Rodler aller Zeiten): Georg Hackl

Heinrich, Otto und Ludwig

88

Gekrönte Häupter

Wer Geschichte in der Schule abgewählt hat: Bitte nicht überblättern! Ja, Monarchen-Namenslisten sind schon ein wenig langweilig, aber auf lange Frist lohnt es sich, mal drüberzuschauen. Kommt man doch immer wieder an irgendeinem Max oder Ludwig oder Otto vorbei, der irgendwohin weist oder dem etwas gewidmet ist. Und man lernt etwas über die oberbayrische Seele, das so in vielen anderen Gegenden Deutschlands nicht – oder nicht mehr – zu finden ist: Regentenliebe. Womit sogar beides gemeint ist: die Liebe zum Volk und vom Volk.

Otto von Wittelsbach scheint nicht begeistert.

Dieter Wieland, die Silberzunge der Städtebaukritik, denkt beim Stichwort Wittelsbacher an »einen endlosen Zug von Kronen, Perücken und Panzern«. Das klingt erst mal nach einem gemischten Urteil. Und in der Tat war schon der Beginn ihrer 738-jährigen Dynastie holprig: Friedrich Barbarossa stürzte seinen rührigen Vetter, den Welfen Heinrich den Löwen, vom bayerischen Thron und wollte mit Otto von Wittelsbach einen mal nicht so Mächtigen einsetzen. Da hatte er sich leider auf lange Frist geschnitten. Seit dem 12. Jahrhundert gedieh Bayern so mal bis zur Adria, gehörte zeitweise zu Holland, die Abtrennung Österreichs schmerzt aber immer noch. Doch letztlich zählte ja nicht Fläche.

Was die im Volk beliebten Wittelsbacher Herrscher des 19. Jahrhunderts gemeinsam hatten: Sie schienen wirklich die Welt (und damit ist Bayern gemeint) verbessern zu wollen – jeder auf seine Art. Gebiets- und Machtzuwächse waren weniger ihr Anliegen als Kunst, Wissenschaft, gute (auch ästhetisch befriedigende) Stadtentwicklung, Nationalprägung in der Bevölkerung, Sitte und Ordnung. Vielleicht hofften sie, so Österreich zurückzulocken?

89 Von Franz Josef bis Markus
Das Liebäugeln mit dem Neomonarchismus

Das mit der Demokratie soll schon so bleiben; keine Frage. Aber Zugereisten aus anderen Regionen und Ländern muss man doch mal etwas erklären. Wo man sonst im positiven Fall auf lang verblichene Monarchen und Staatslenker stolz ist, da lieben die Oberbayern (oder zumindest viele von ihnen) ihre Wittelsbacher. Denn sie zeichneten sich durch zwei Stärken aus: Machen und Nicht-Machen.

Bayern schöner machen Kurfürst Karl Theodor eröffnete bereits 1789 den ersten Volkspark – noch vor der Revolution. Vor allem aber seit sich sein Nachfolger, der Griechenlandfreund Ludwig I., für Schönheit, freie Presse und unabhängige Gerichte stark machte, fand jeder bayerische Monarch ein Feld, auf dem er Gutes tun konnte. Max II. setzte sich für Bildung ein, gründete Museen und das Stipendiatenwohnheim Maximilianeum. Ludwig II. war schließlich der Mann der Kunst, der Musik und der Prachtbauten (na gut, hauptsächlich für ihn selbst). Man dankt nicht dem Cuvilliés für seinen Rokokoglanz, nicht dem Frei Otto für die Olympia-Moderne, sondern dem Ludwig für seine architektonisch völlig anachronistischen Schlösser. Ludwig II., der Kini, wurde eben wegen seiner als »unpreußisch« wahrgenommenen Herrschsuchtferne geliebt. Ein Vorbild. Ein Mensch. Ein Kunstfreund. Ein Mann mit Fehlern, Neigungen und Süchten. Einer, dem man verzeihen kann. Gegen Ende wurde er ein bisschen schwierig – wie wir alle. Er ließ sich über den Alpsee schippern und Wagner-Arien vorsingen. Sein Wunsch »Ein ewig Rätsel will ich bleiben mir und anderen« hat sich wohl weitgehend erfüllt.

Der verklärte Blick zurück Am liebsten als Ministerpräsident in der Staatskanzlei hätte man hingegen jenen, der mit seinem Spezialadelstitel ausgezeichnet ist: Prinzregent Luitpold übernahm als schon alter Mann als Einspringer das Ruder und lenkte Bayern durch jene Jahre, die hier die »gute, alte Zeit« genannt werden.

Man ist hier nach wie vor Monarchist im Herzen. So viel Schönes, das Stadt und Land heute auszeichnet, geht auf regale (= königliche) Initiative

Ludwig, II., der Kini, in seinen besten Jahren

zurück. Es gibt unzählige Vereine, die die Königstreuen oder Königstgreuen heißen oder König-Ludwig-Verein, Königlich Bayerischer Stammtisch, Königlich Bayerische Patrioten. Im Verband der Königstreuen sind allein in Oberbayern über 20 Vereine organisiert – im Gegensatz zu Mittelfranken und der Pfalz mit jeweils nur zwei Vereinen. Das wirft Fragen auf; sind doch auch die Motivationen hinter dem Treiben nicht immer klar.

Gemahnt an die gute, alte Zeit

Falsche Erwartungen Das Glück mit den Wittelsbachern im 19. Jahrhundert führte zu einem Missverständnis: dass man ebensolches auch von unseren gewählten Volksvertretern erwarte könne – und dass man sich nicht um die Nachfolge eines Herrschers kümmern müsse. Ist ja gewiss schon parteidynastisch intern geregelt. Und im Gegenzug akzeptiert man auch nicht so einfach, wenn jemand nicht mehr auf dem gewohnten Thron sitzt. Wem heute Christian Ude am Viktualienmarkt entgegenradelt (nicht Rad fährt! Siehe Kapitel 53), dann hieße es korrekt »Habedehre, Herr OB«; aber Titel überhaupt auszusprechen ist hier eine andere Frage. Respekt zeigt sich mit anderen Mitteln.

Dem Obersten stehen eigene Regalien zu. Wie bei anderen Adligen entfällt die normale Anrede. Man sagt ja nicht »Herr Graf XYZ«, sondern nur »Graf XYZ«. Darum sagen auch viele nicht »der Herr Söder«, sondern »der Söder«. Aufschauen muss man ohnehin zu ihm. Stattlich und hochgewachsen wie der Kini selbst (1,91 m) waren die bayerischen Ministerpräsidenten zuletzt (Seehofer und Söder je 1,94 m); erdnahe Vorzeigeurviecher wie Franz Josef Strauß scheinen auszusterben. Fast schade.

Sprezzatura bavarese

Dresscode

90

Das Äußere zählt in Oberbayern. Denn nur, wer die Fantasie des Gegenübers anregt oder dessen Ahnungen bestätigt, kann in diesem den nun schon zur Genüge erwähnten Prozess der Wirklichkeitsschaffung in Gang setzen. Wer sich unscheinbar kleidet und also niemand sein will, ist hier gar kein echter Mensch.

In dialektarmen Agentur- und Kanzleivierteln gilt zurzeit deutschlandweit und auch in Oberbayern ein strikter Dresscode. Mann trägt einen eng geschnittenen, mittelblauen Einreiher, dessen Hose die Schuhe kaum noch berühren darf. Diese sind braun, die Brille ist schwarz. Wer hingegen einen richtigen Beruf hat oder für eines der großen DAX-Unternehmen oder gar im öffentlichen Dienst arbeitet, kleidet sich tunlichst anders. Der Oberbayer ist nämlich immer perfekt angezogen, immer gerüstet für den Fall, dass neben der Arbeit noch etwas wirklich Wichtiges eintritt: nämlich ein spontaner Gang in den Biergarten. In der heißen Phase im Spätseptember und Frühoktober ist dann auch Lederhose kein Fauxpas. Die große Herausforderung ist, gleichzeitig immer eine Spur zu elegant und zu freizeitlich daherzukommen. Man will ja auch beim Italiener um die Ecke eine gute Figur machen. Der oben erwähnte Blaumann hat es da nicht so schwer.

So schick war man früher (1897) mal.

Bayrische Gwandregeln Für bayrische Anzugträger gibt es auch die Variante des Trachtenanzugs. Hier ist besondere Vorsicht geboten, denn das ist wirklich nur etwas für Profis. Woraus besteht dieser? Untenrum ist alles normal; zur Anzughose trägt man ein vom Herrenschneider verfertigtes Zwischending zwischen Trachtenjanker und Anzugjacke, dazu wie gewohnt Hemd, Krawatte und normale Anzugschuhe, keinen Hut, kein Charivari, kein Messer. So gewandet darf man hier überall erscheinen, wo nicht ausdrücklich Smoking, Frack oder Cutaway gewünscht sind. Mit Betonung auf: Man darf! Sollte man? Als Zuagroaster vielleicht lieber nicht, denn im Gegensatz zur Wiesn-gerechten Tracht eignet sich dieser Anzug nicht zur Verkleidung. Wer ihn trägt, tut dies ganz ernsthaft, möchte Vertrauen vermitteln und sagen »Ich bin einer von uns; ich handle für die Gesellschaft.« Ihn tragen Sparkassenleiter, Trauungsbeamte, oberbayerische Schwiegerväter bei der Kindstaufe und ähnliche Verantwortungsträger. Er stellt also eher eine Uniform dar, die diese Verantwortung für den Träger mit sich bringt. Ein wirkliches Pendant für die Damenwelt gibt es nicht. Die dürfen sich aus einem fließenden Kontinuum zwischen Tracht, geschmackvoller Trachtenmode und Abendkleid bedienen.

Beim Trachtenumzug anlässlich der Wiesn

Von echter und falscher Tracht

91

Kostüm, Uniform oder Kleidung?

Sie spielen mit dem Gedanken, zur Tracht zu greifen? Da sind Sie nicht alleine. Immerhin jede oder jeder Fünfzigste ist Mitglied in einem Trachtenverein, jede/r Zwölfte besitzt eine Tracht. Nur wie vorgehen? Der Teufel steckt im Detail: Kropfband oder nicht? Welcher Schmuck ist wo erlaubt? Welche Stoffe, Bänder, Gürtelschließen? Was ist mit Haarnadeln? Vor nicht allzu langer Zeit galt das Tragen einer Armbanduhr bereits als Exkommunikationsgrund.

So jedenfalls nicht! Das ist keine Tracht, sondern ein Kostüm.

Keine Sorge, Hilfe steht bereit Auch hier hat der Bezirk Oberbayern vorgesorgt und berät nicht nur Zugereiste im TIZ, dem Trachteninformationszentrum in Benediktbeuern. Nutzen Sie Service und Spezialwissen dieser weltweit einzigartigen Institution mit ihren über 4000 Originaltrachtenstücken und einer großen Bibliothek mit Raritäten und viel Bildmaterial! Wie das mit der Tracht nach allen Regeln der Kunst »richtig« geht, kann man bei Einzug der Wirtsleute auf das Oktoberfest, aber vor allem beim Trachtenumzug am Tag darauf beobachten. Den größten Spaß haben dabei immer die eingeladenen Gruppen aus der Ferne – und stehlen mit ihrem noch breiteren Lächeln und noch farbenfroheren Gewändern den bayerischen Gruppen, die auf tadellose Einheitlichkeit achten, die Schau.

Eine junge Tradition Eine Zahl, die 1806, markiert das Jahr der Gründung des Königreichs. Vieles, was wir heute mit Oberbayern verbinden, fand zu jener Zeit seinen Anstoß. Bis ins 18. Jahrhundert hätte man eher eine typisch deutsche als eine typisch bayerische Tracht zeichnen können. So uralt und hergebracht ist das ja alles gar nicht. Form, Farben und Muster kirchlicher Gewänder gehen viel weiter zurück. Auch manche Faschingskostüme oder die Kleidung einiger Böllergruppen stehlen der Tracht bei Weitem die Schau, wenn es ums Alter geht. Mit dem Aufstieg Bayerns zum Königreich stieg das Interesse an einer bayerischen Nationaltracht. Mitte des 19. Jahrhunderts trug man flächendeckend keine Tracht. Wer auf dem Land wohnte, kam jährlich mal in eine größere Stadt und schaute dort den feineren Damen ein paar neue Schnittmuster und Verzierungsideen ab. Der Staat schritt ein, förderte.

Um mal alle schön unter einen Hut zu bekommen, war es wohl keine schlechte Idee, so etwas wie ein bayrisches Nationalgefühl zu erwecken. Hat schließlich auch geklappt. Bevor jedoch Tradition und Brauchtum gepflegt werden konnten, musste man erst mal herausfinden, was es bisher so gibt, wo man anknüpfen kann und ob eventuell ein paar ältere Traditionen wieder ausgegraben oder sogar neue erfunden werden müssen. Max. I. ließ seinen gesamten Hofstaat Dirndl tragen, wenn er auf Sommerfrische am Tegernsee war. Den gesamten Hofstaat? Nein, natürlich nur die weibliche Hälfte.

Miesbacher Tracht: vorbildlich

Eine gute Wahl Ab 1850 forderte die Bayerische Regierung ein Nationalkostüm ein. Viele bewarben sich; die Gebirgstracht siegte. Und seien wir ehrlich: zu Recht. Hätte eine andere Region gesiegt, trügen wir sonst heute z. B. schwere, schwarze Wollanzüge mit langen Hosen, die in kniehohen Lederstiefeln stecken, und uns würde unter dem dicken Pelzhut beim Okto-

Haferlschuh

berfest recht warm. Da sei doch die schmucke, wohlbelüftete Miesbacher Tracht gelobt. Es funktionierte. Auf Begeisterung stieß die neue Trachtenwelle allerdings nicht überall. Der Kirche war das Trachtenwesen, vor allem waren ihr die Trachtenvereine lange Zeit suspekt. Deren Feste galten einfach als zu freizügig und spaßig. Da tanzen ja Unverheiratete miteinander! Man wechselt den Tanzpartner alle paar Takte!! Männer und Frauen sitzen am gleichen Tisch!!! Die Lederhose war sogar zeitweise in der Kirche verboten. Können Sie sich das denken?

Touristenverkleidung Schon vor dem Zweiten Weltkrieg boten Kaufhäuser, worüber man sich heutzutage als jüngste Auswüchse beklagt: Berliner konnten sich bereits kurz nach der Öffnung des Kaufhauses Wertheim dort in einer Trachtenabteilung für den Oberbayern-Urlaub einkleiden lassen. Direktverbindungen in aufnahmefreudige Örtchen des Oberlands gab es schon in den Dreißigern »Fahrn wa inne Berje?« – »Au ja, dufte! Warte, ick hol mir nur schnell noch'n Dürntel, wa?« (Das Dirndl wurde übrigens erst im 20. Jahrhundert so genannt, davor hörte es eher auf »Leibgwand«.) Die Begeisterung außerhalb Oberbayerns führte zu zwei unterschiedlichen Deutungen des Kunstwerks »Tracht« und damit zu Auswüchsen, die ursprünglich nicht gewünscht waren. Die einen sehen darin ein Kostüm, mit dem sie sich verkleiden. Das muss keinen Regeln gehorchen und darf billig gearbeitet sein. Man braucht es ja nur an Karneval und will seinen oder ihren Spaß. Die andere Deutung zieht aus der Tracht hingegen alles symbolisch-traditionelle ab und integriert ihre Bestandteile in ein Modedesign, das dann oft Landhausmode oder Trachtenmode genannt wird. Das sah lange nicht gut aus. Doch mittlerweile wachsen Angebot und Nachfrage gut geschneiderter Trachtenkleidung.

Spielen Sie mit! Kann Tracht denn überhaupt modisch sein? Ist sie nicht eher das Gegenteil? Vielleicht liegt darin ihre Stärke. Bei normaler Kleidung stellt sich nur die Frage: Sieht es gut aus? Bei der Tracht spielt man zudem mit seiner Haltung zu Traditionen und Regeln. Für Unverkrampfte ist die Tracht damit ein paradoxes Spiel mit Mode und Hergebrachtem, ein Spagat zwischen Korrektheit und Gelassenheit. Völlig korrekt ist nur, wer nicht ganz richtig ist. Denn dann erfolgt der richtige Rest ja aus eigenem Willen und nicht aus Pflichterfüllung. Regeln befolgen und neckisch brechen, Verkleidung und zweite, eigene, authentische Haut. So sehe ich eigentlich nackt aus; so trete ich vor den Herrgott. Wie Max Scharnigg sagt: »Bei der Tracht gibt es für Touristen kein Richtigmachen im Falschen.«

Von zwei wichtigen Details Für uns Zugereiste ist es eigentlich doch recht einfach. Wir können es qua Herkunft nicht richtig machen. Das Richtigmachen kann man den Beflissenen überlassen. Denn sonst sieht die Tracht nicht mehr nach Kleidung aus, sondern nach Uniform. Ich gebe trotzdem einen konkreten Warnhinweis: Unterschätzen Sie den Gamsbart nicht! Das ist kein lustiges, billiges Accessoire (mehr dazu in Kapitel 93).

Mittlerweile treten in der Trachtenmode schmuckvolle Gürtelschließen oft an die Stelle der Dirndlschleife. So muss man sich nicht mehr bei der Position der Schleife festlegen und lässt die Frage offen: ledig, verheiratet, verwitwet oder gar Servicekraft? Überhaupt hat man mit dem Festlegen über die Jahrhunderte schlechte Erfahrungen gemacht. Nach Zensurproblemen hütet man sich hier: Das färbt auf alles ab, auch auf Kleidung und Sprache: Freies Denken äußert sich hier erst mal nur redend: »Ma sogd ja nix, ma redt ja bloß.« Mit dieser schönsten aller hiesigen Redewendungen blicken wir dem Oberbayern ins Herz.

Kleiner Exkurs

Der Haferlschuh ist übrigens ein Bergschuh und ebenfalls neumodische Importware. Erst kurz nach 1800 erreichten erste Modelle aus dem Allgäu Oberbayern. Mit ihrer hohen Spitze lassen sie den Zehen den beim Bergabgehen dringend benötigten Spielraum. Und die auf die Seite verschobene Schnalle drückt bei derselben Bewegung nicht so sehr auf den Rist. Ein Haferlschuh hätte also an Freisinger Flachlandtracht erst mal nichts verloren.

Das Gwand fürs Mannsbild

92

Alt, sämisch gegerbt, kurz

Schon vor über hundert Jahren dieselben Beschwerden: Die Preißn sollen keine Tracht tragen; in Berlin soll man nicht plattln. Machen Sie sich keine Vorwürfe und Sorgen, dass die im Oberland von Ihnen Besuchten sich an eine Zeit erinnern können, in der es noch keine Touristenschwemme gab. Die Landbevölkerung fuhr nämlich zum Kaffeetrinken in die Städte, diese rächten sich mit einem Ausflug in die Bergdörfer. Bereits 1870 berichtet Ludwig Steub: »Wenn man durch Gmund fährt, sieht man nur die bekanntesten Münchener Köpfe zu den Fenstern herausschauen. Münchener Mütter wandeln auf den Altanen der Bauernhäuser. Münchener Fräulein jodeln aus den Dachluken; Münchener Kinder spielen den Franzosenkrieg auf den Gmunder Wiesen. Die Stadtwelt dringt furchtbar über ihre Mauern; jeder Torwart, jeder Milchmann geht aufs Land, und selbst die abgelegensten Berghöfe werden aufgesucht, um dort arkadisch zu leben. Hundert Münchener sitzen beim Kaffee, und hundert andere krabbeln an den Bergen herum!«

Wade punktet über Bizeps.

Wow, schöne Beine! Und wo in der Stadt für die Herren der Schöpfung Bizeps zählt und sie in die Ertüchtigungsstuben lockt, zählt im Oberland die Wade. Es heißt ja auch: a gstandnes (nicht armseliges) Mannsbuid. Da war die Stunde der (kurzen) Lederhose gekommen. Sie ist das *muscle shirt* für untenrum. Und lange bevor sich ihre Miesbacher Variante auf den Volksfesten durchsetzte, war sie nicht auf die Alpengegend beschränkt.

Geboren bin ich in einer der wenigen Gegenden Norddeutschlands, deren traditionelle Tracht ebenfalls eine Lederhose für den Mann umfasst: im Braunschweigischen. Da aber dort niemand die alte Tracht trägt (oder wie es in dortiger Mundart lautet: treecht), weiß auch außer vereinzelten

Archivaren mit heimatkundlichem Bekleidungsinteresse keiner von dieser ostfälischen Lederhosentradition.

Der Trend ist klar Sorgte im 20. Jahrhundert Franken für die weltweite Verbreitung der Jeans (Levi Strauss kam aus Buttenheim bei Bamberg), so möchte Oberbayern im 21. Jahrhundert nun mit der Lederhose nachziehen. Für manche Anlässe stehen die Chancen nicht schlecht. Bis sich aber selbst deutschlandweit die Lederhose im Berufsleben so etabliert haben wird, wie sie es in Oberbayern tat – und im Herbst sogar in vielen Büroabteilungen der Landeshauptstadt –, dauert es wohl noch ein bisschen. Doch so töricht übereifrige Assimilationsversuche können auch zu Momenten des Gelingens führen: Als der Autor letztens an einem ersten »so richtig heißen« Tage des Jahres zu Recherchezwecken für dieses kleine Büchlein die Bayerische Staatsbibliothek aufsuchte und dort nicht wie viele Jungforscher in Bermuda oder schnappatmiger Funktionswandertracht erschien, sondern in Mehrgenerationen-Lederhose, die man nicht in die Reinigung, sondern zum Restaurator geben würde, begrüßte ihn die sonst professionell zurückhaltende Bibliothekarin hinter dem Schreibtisch des etwas elitär abgelegenen Saals für Karten und Musikalien mit einem erfreutem »Mei, so ist's recht!« Das will man hören.

Schmuck

Lederhose geht außerhalb der Tracht halt mittlerweile doch, wenn man sie nicht als Verkleidung trägt, nicht als Spaß, nicht als Anmaßung, sondern wenn man sie als angenehm, praktisch und kleidsam empfindet. Vielleicht rede ich mir das aber auch nur schön. Und genau das wäre dann wiederum auch wieder echt oberbayerisch.

Erstaunlich wertvoll

Der Gamsbart

Ich habe Sie ja schon gewarnt: Greifen Sie nicht zum Gamsbart! Ganz im Ernst: auch nicht mal schnell einen schönen Gamsbart begeistert liebkosen, denn in seine Herstellung flossen mehr Blut und Tränen, als Sie vielleicht dachten.

Für einen echten Gamsbart benötigt man die Rückenhaare von sechs Tieren, die man ihnen dazu aus dem noch warmen Körper reißen muss. Nur jeder zehnte Gamsbock kann den erhofften Bartwuchs am oberen Rücken, am Widerrist, überhaupt vorweisen. Aus den so mühsam gewonnenen 30 000 bis 45 000 Haaren entsteht in mindestens 150 Arbeitsstunden ein echter Gamsbart. Wirklich nur etwas für Profis und Liebhaber. Sich statt eines Gamsbarts – wie es die Tradition durchaus erlaubt – Federn von Birkhuhn oder Steinadler an den Hut zu stecken, ist auch keine gute Idee, denn diese Tiere sind mittlerweile geschützt.

Krönt schön: ein Gamsbart

Kaiser Maximilian I. hat im 15. Jahrhundert als erster Adliger nachweislich einen Bart an seinem Hut getragen. Aber erst mit Erzherzog Johann von Österreich im 18. Jahrhundert wird der typische Gamsbart bekannt. Wie anschließend diverse Wittelsbacher schätzte und förderte er die Tracht und trug selbst welche, wenn er mal wieder in die Steiermark fuhr.

Ungefähr 200 Gamsbartbinder, die diesen Namen verdienen, gibt es noch in den Alpen, vor allem in Bayern und Österreich. Alle vier Jahre ermitteln sie seit 1960 bei der Gamsbartolympiade die Besten ihrer Zunft. Wirklich eine Sache für Profis.

Amerikaliebe und Titelhass

Der Hut bleibt oben!

Ganz im Gegensatz zu manchen sprachverwandten östlichen Brüdern im Geiste (Österreichisch ist eine Form des Bairischen) legt der Oberbayer keinen Wert auf Titel und Hierarchien. Selbst einige hohe Staatsdiener und Vorstände verbieten sich die Amtsbezeichnung in der Anrede. Vielleicht scheint deshalb die Amerikaliebe, der Hang zum Cowboy hier auch stärker zu sein. Man atmet gern freie Luft, über 1000 Metern wird traditionellerweise beim Wandern geduzt – was nach einem teambildenden Hüttenwochenende mit der gesamten Belegschaft zu unschönen Szenen auf dem Rückweg führt. (»Hast Du – äh, haben Sie – jetzt das Bayernticket für uns dabei?«)

Im Englischen Garten kurz hinter der Universität gilt der Doktortitel schon nicht mehr.

Diese Haltung ist älter, als man denkt, und wurde gar von oben gefördert. Als 1789 der bayerische Kurfürst Karl Theodor die Anlage des Englischen Gartens befahl, sollte er erst »Theodors Park« heißen. Habe ich mir nicht ausgedacht! Von Anfang an und damit also noch vor der Revolution galt Hutziehverbot auf den Wegen innerhalb des Parks. Selbst vor Hochadligen durfte man nicht einknicken und wurde sogar bestraft dafür. Jeder Mensch sollte auf Augenhöhe die gleiche Luft atmen.

> **Tipp**
> Bei akuter Du-/Sie-Unklarheit einfach die Runde ansprechen! Selbst eine Gruppe von Personen, die man einzeln siezen würde, darf man meist im Plural duzen, oder genauer gesagt »ihrzen«. Ein schönes Dialektrelikt in der Standardsprache.

Optimales Selbstbewusstsein

Sprüche

Im Inneren ist der Oberbayer erfreulich unsicher, will das nur nicht zeigen. Er ist ein sensibler Schweiger, der auf kernig tut, aber dem mitfühlenden Gegenüber dann doch nicht das Herz verbergen kann. Eben doch nicht abgebrüht. Dazu eine wahre Geschichte, die sich im Gasthaus Isarthor zutrug und deren Zeuge ich wurde. Am Tisch gegenüber nahm beim Mittagstisch ein gesetzter

Lieber locker als protzig

Herr einen Mobilanruf entgegen. Er war nicht zu überhören: »Hallo? Ja, Ludwik, sag, wie geht's? ... Wås håsd? A Kemo? Na, irgndwås håt a jeder.«

»Mia san mia«: Das klingt für viele von uns Zugereisten erst mal recht überheblich und ausgrenzend. Das Gegenteil meint der Oberbayer im Herzen. Tief verunsichert gilt der Satz sich selbst: »Sei nicht so hart zu Dir; wir sind halt so. Ich weiß: Die anderen sind anders, besser. Aber das ist nicht so schlimm.« Arroganz, Großmäulertum und Überheblichkeit sind dem Oberbayern nämlich überhaupt nicht recht, gesundes Selbstbewusstsein schon – wenn dieses gerechtfertigt ist. Denn wer kann, der darf auch.

Obama hat nur geklaut »Yes, we can« ist in Wirklichkeit ein oberbayerisches Mantra und auch nur eine ungelenke Übersetzung von »Wer ko, der ko« und geht damit auf den Fuhrunternehmer Xaver Krenkel zurück, der einst mit seinem Mehrspänner die Hofequipage im Englischen Garten überholte. Was für ein Affront! Er hatte aber ein gutes Argument parat: »Wer ko, der ko!« Es schadete ihm nicht. Für den nächsten US-Wahlkampf biete ich deshalb wieder einen oberbayrischen Alternativslogan an: »Senator XYZ. A Hund isser scho.« Nicht empfehlen wollen wir dem Team hingegen »Governor XYZ. Passt scho!« oder gar »Congressman XYZ – ja mei!« Mit selbst bestätigenden, offensichtlichen Weisheiten wie »Mia san mia«, »Wer ko, der ko« oder »Dahoam is dahoam« hält man in Oberbayern schließlich die Waage zum allgegenwärtigen Paradoxen (siehe Kapitel 29).

96 Scheinprobleme
Föhn

»Sie ziehen nach Oberbayern? Oje, da weht doch immer dieser schreckliche Föhn! Dann bekommt immer die ganze Stadt Migräne, nicht wahr?« Lassen Sie sich nichts einreden! Als Wetterphänomen mag es den Föhn geben, als kollektiver Kopfschmerzgrund scheint er bei vielen Betroffenen eher für die Schublade »Nocebo« zu taugen. Nur wer generell »wetterfühlig« ist, könne hier mit unangenehmen Begleiterscheinungen zu tun haben, sagt die Forschung. Das betrifft somit nur einen geringen Teil der Bevölkerung.

Über den Föhn habe ich bisher auch nur Zugereiste stöhnen hören. Den Einheimischen ist er entweder so fremd oder so vertraut, dass sie ihn nicht mehr explizit wahrnehmen oder erwähnen. Oder sie freuen sich über die gute Sicht und die strahlende Sonne und spazieren auf die nächste Anhöhe, um mal zu schauen, wie weit er heute reicht. Als Metapher ist er ohnehin willkommen, bringt er doch von Italien eine lauere Luft und freudigere Farben über die Alpen.

Granteln Probleme mit Grantlern gibt es keine, Punkt. Und wenn es doch welche gibt, dann hat man erstens nicht häufiger als in den meisten anderen Regionen Deutschlands mit ihnen zu tun, dann kann man ihnen zweitens gut aus dem Weg gehen, und dann hat man ohnehin noch ganz andere,

Föhn? Super! Ich freue mich.

»I mog M.« – S-Bahn-Idyll an der Hackerbrücke mit aufgetauchtem U-Boot

häufigere Kommunikationsprobleme mit Einheimischen oder – noch schlimmer – mit Touristen! Die Touristen überhaupt, was die sich denken!

ÖPNV Über den öffentlichen Nahverkehr schimpft hier jeder. Was an der Universität das akademische Viertel ist, sind hier die 20 S-Bahn-Minuten. Man kennt das Problem also. Dass es besser ginge, ist sowieso klar. Was man nicht so genau kennt, ist die Lage an anderen Orten. Im Vergleich schneidet Oberbayern da nun wirklich nicht so schlecht ab. Und das langjährige Hauptproblem, nämlich das nicht nur für Zugereiste völlig schleierhafte Münchner Ticketsystem mit Ringen, Zonen und Bereichen hat sich bei Erscheinen des Buches hoffentlich endgültig erledigt. Man munkelt, dass es von den Alliierten auf Grundlage ihrer Enigma-Dechiffrierungsversuche entwickelt wurde. Aber alle Nachforschungsversuche dazu endeten bisher in Sackgassen.

Abseits Ein Gerücht, das ebenfalls München betrifft und (so) nicht stimmt: München liege in einem großen Nix, drum herum sei wenig los. Das Gegenteil habe ich versucht zu zeigen. Die kleinen Städte und Orte Oberbayerns bieten nämlich viel mehr Lebensqualität und kulturell Interessantes, als sie ihrer Einwohnerzahl nach im Schnitt liefern müssten. Außerdem ist man bei Bedarf (vor allem mit der Bahn) flugs in Nürnberg, Salzburg oder Innsbruck. Ich kenne sogar jemanden, der regelmäßig mit dem Auto von München nach Zürich in die Oper fährt und wieder zu Hause übernachtet. Auf dem Beifahrersitz möchte ich aber nicht sitzen.

97 Das Glück ertatschen
Vom sachdienlichen Händeln von Statuen

Als Löwe macht man viel mit. Schon Konrad der Staufer begeisterte sich für das Tier – zumindest in seiner symbolischen Funktion. Nach ihm führten die Welfen den Löwen im Schilde, als sie das Pfalzgrafenamt bei Rhein ausübten. Als sie dieses 1214 an den Wittelsbacher Otto II. abgaben, geriet damit auch das Tier zu ihm. Da war er aber erst acht Jahre alt und kaum zum Löwen- und Pfalzbändiger befähigt. Damals wurde man erst spät volljährig, nämlich mit 22 Jahren. Eine seiner ersten Amtshandlungen war, den Löwen endgültig zu seinem Wappentier zu machen. Seitdem blieb er den Wittelsbachern und damit den Bayern erhalten.

Historische Löwenliebe Münchner haben seit jeher eine Beziehung zu dem Tier, verdanken sie doch Heinrich dem Löwen ihre Stadtgründung, seit dieser 1158 die Isarbrücke weiter im Norden bei Oberföhring abfackeln ließ und seinen Zoll lieber bei den Mönchen *apud Munichen* in Höhe des Gasteigs erhob (siehe Kapitel 36). Heute sind Löwen allgegenwärtig, wenn man sich in der Nähe bayrischer Hochadelsbauten befindet. An der Westseite der Residenz, in der Residenzstraße also, sind gleich vier von ihnen zu finden, aus Bronze, vor mehr als 400 Jahren gegossen. Im Krieg wurden sie zum Schutz vor Bomben im Brunnenhof der Residenz vergraben. Die großen Löwen halten vor sich Schilde, die wiederum in winzigen Löwenporträts enden.

Gute Mundhygiene bringt Glück.

Lola Montez, ca. 1851

»Cherchez la femme!« Die Geschichte hinter den blanken Schnauzen ist wirklich reizend, aber dazu muss ich etwas ausholen. König Ludwig I. hatte ein fesches Gspusi: Lola Montez, wie der Name nur undeutlich verrät schottisch-irischer Herkunft. Nicht allen gefiel die Affäre. Ein Student wollte 1848 mit einer Schmähschrift an der Residenz den Widerstand anzetteln, worauf der König mit Kopfgeld reagierte. Der Student wurde schnell gefasst, als er ein weiteres Schreiben, vielleicht ein Bekennerschreiben (?), anbringen wollte. Nun stand Schuld gegen Kopfgeld. Ludwig I. bewies Humor, zahlte und ließ ihn laufen. Vom Glücke überwältigt, musste sich der

Fischbrunnen auf dem
Münchner Marienplatz

Giulietta Capuleti ist nicht begeistert.
Völlig zu Recht. Die blanke Stelle ist nicht
Romeo geschuldet.

Student beim Verlassen der Residenz erst mal am Löwen festhalten. Wenn
Sie es ihm nachmachen wollen: Seien Sie zart! Das Löwenmäulchen will
gestreichelt, nicht poliert werden.

Geld oder Liebe? Wenn Sie Ihr Glück konkretisieren und sich den Gelddin-
gen zuwenden wollen, bietet sich der Gang zum Fischbrunnen auf dem
Marienplatz an – einfach die Residenzstraße weiter nach Süden gehen. Wer
dort seine Geldbörse – pardon, sein Portemonnaie – wäscht, hat anschließend keine Geldsorgen mehr. Das gilt zwar schon seit 1426, allerdings nur,
wenn man an Aschermittwoch wäscht. Der Oberbürgermeister macht mit
und wäscht nicht nur sein eigenes, sondern auch den Stadtsäckl.

Suchen Sie Ihr Glück hingegen in der Liebe, ist es von dort nicht weit
zum kleinen Standbild der Julia, das man auf dem hungrigen Sprung vom
Marienplatz zum Viktualienmarkt fast übersieht und links liegen lässt. Wer
Geld und Stil hat, legt ihr Blumen in die Arme. Die anderen, na ja ...

Im August dahoam

Zur Sommerfrische in die Ferne? I wo.

Klingt zu schön, als dass es wahr sein könnte: Kaum eine Gegend ist so günstig wie Oberbayern. Denn der verdiente Sommerurlaub kann am besten zu Hause verbracht werden. Wer ohnehin das ganze Jahr über jene Attraktionen nutzen kann, die nicht auf gutes Wetter angewiesen sind (besondere Lokale, Geschäfte, Museen, Ämter), dem macht es nichts, wenn diese zur typisch bayerischen Schulferienzeit im (Spät-)Sommer ganz italienisch selbst *ferragosto* machen und für Wochen und Monate schließen. Das hat den schönen Nebeneffekt, dass weniger los ist, bei bestem Badewetter sind plötzlich Parkplätze in München zu finden und die Schlangen an manchen sonst beliebten Galerien und Eiscafés nicht so lang. Die Münchner belagern derweil den Gardasee oder lassen sich in die letzten Seitenkapillaren der Südtiroler Alpentäler hochsaugen. Derweil liegt man auf dem sonnenwarmen Isarkies, lässt die Füße und den Bierkasten im Wasser kühlen und freut sich darüber, dass es einen hierher zugereist hat.

Auch im Hochsommer angenehm kühl: Isar und Schwabinger Bach

99 Es kommt ja doch raus
Negatives

Da ich es Ihnen leicht machen wollte, bin ich bisher recht positiv geblieben in meiner Bewertung Oberbayerns. Ich will Ihnen das Herziehen und Hierbleiben nicht schwerer machen, als es ohnehin schon ist. Aber manches darf man auch nicht verheimlichen: Das Essen im Wirtshaus ist gut, aber meistens so gut nun auch wieder nicht, dass auch der Einheimische dann nicht doch

Baustellen haben auch was Gutes. Ein völlig versperrter Weg zur Feldherrnhalle (unscharf im Hintergrund) hätte vielleicht manche Idee im Keim erstickt.

zu »seinem«, nämlich wiederum dem allerallerbesten Italiener der Stadt geht. Man staunt immer, wie schön es auch anderswo sein kann. Der Kampf für den Dialekt trägt Blüten, nennt Dinge auf Speisekarten bei Namen, die die niedrig entlohnte Thekenkraft mit Migrationshintergrund aus Mecklenburg nicht kennt. Überhaupt haben es jene beim Herziehen besonders schwer, die zusätzlich zum Hochdeutsch, das man für wichtige Aufenthaltsstempeleien vorweisen muss, im Arbeitsalltag nur mit Bairisch konfrontiert sind. Man muss sich entscheiden: Integration im echten Leben oder auf dem Papier.

Doch eher braun als weiß-blau? Ziehen Sie bei den Diskussionen um die Verkehrsdichte auf den diversen inneren, mittleren und äußeren Ringen und in den U-Bahnen, um Staus und Radlhauptstadt die Einheimischen nicht mit der »Hauptstadt der Bewegung« auf! Das kommt nicht gut an. Denn irgendwie haben Sie ja recht: Hier wurde erstmals mutmaßlich »entartete« Kunst gezeigt, hier musste man sich hinter der Feldherrnhalle durch das Drückeberger-Gassl schleichen, wollte man die SS-Wache nicht grüßen. Man kann allerlei kleine Details finden und sich Oberbayern braun reden: die Eva Braun war Münchnerin, Göring stammt aus Rosenheim, selbst die Kühe tragen im Oberland braune Tracht.

Charakterfragen Oberbayern ist das Land der Spezlwirtschaft, auch hier gibt es Antisemitismus, vom Obersalzberg aus herrschte Hitler lieber als von Berlin. Aber es gab halt auch das Gegenteil: Hier warf die Weiße Rose ihre Blätter. Aber dass Georg Simon Ohm in München gestorben ist, reicht kaum aus, Oberbayern zum Land des Widerstands zu erklären. (Ober-)Bayern ist nur im still-verschlossenen Herzen anarchisch und antiautoritär, ohne dass man das auf seinen aufgeräumten Straßen merkt. München soll einmal die Stadt der Bewegung gewesen sein, wo doch das Biergartenhocken hier die selbstverständlichste Lebensweise dar-

Erst 1995 besuchte ein bayerischer Ministerpräsident in seiner offiziellen Funktion die KZ-Gedenkstätte in Dachau.

stellt? Das Bierkrug-umgriffige Sitzen, Schauen und Murmeln kommt dem Oberbayern viel näher als ein geschwinder Marsch, bei dem man sich auch noch an die Schritte des Nachbarn halten muss.

Tolerante Sehschwäche Oberbayern sind für Verlockungen offen. Realisten sind sie nicht. Sie machen gerne den Mund auf, lassen sich bei ihren Äußerungen aber manchmal zu viele Optionen offen. Sie verteufeln die Touristen und lieben den Tourismus (zumindest das Geld und den guten Ruf, den er von Oberbayern in die Welt trägt). Sie sehen die eigene Welt mit der weißblauen (für Bayern), gelbschwarzen (für München) oder leuchtend roten (für beides, also Bayern München) Brille; alle sind sie aber stark rosa getönt.

So sieht's eigentlich aus. Trübes Bierbankeinerlei vor anspruchsloser Büroarchitektur. Diese Momentaufnahme ist noch typischer für Oberbayern als all die Wander-, Trachten- und Bergbilder.

100 Don't feed the trolls!
Der Wolpertinger

Seien Sie darauf gefasst, dass man Sie als Zuagroaster auch nach Jahren noch ganzjährig in den April schicken will! So steht es allerorten in den Bedienungsanleitungen für Bayern. Ein Begriff, der dann immer fällt, ist der Wolpertinger, jenes scheue Fabelwesen, das man unter diesen oder jenen Umständen mit riesigem Glück sehen oder sogar erlegen könne. Es gebe sogar ganze Geschäfte, die sich auf Wolpertinger spezialisiert haben.

Ich muss zugeben: In den zehn Jahren, die ich nun hier lebe, habe ich nicht ein einziges Mal das Wort Wolpertinger ausgesprochen gehört. Ich bin seltsamerweise nur von Preußen damit aufgezogen worden, genauer gesagt nur von einem einzigen Preußen. Darum gibt es jetzt hier auch kein Bild von einem Wolpertinger. Und ich selbst bin hier auch noch nie als Preiß oder Preuße angesprochen worden. Was hinter meinem Rücken geschah, weiß ich natürlich nicht.

Das Museum wartet schon Es scheint sich um ein Phänomen zu handeln, das mit der »Elefantenwaschanlage« vergleichbar ist. So nennen die einheimischen Berliner nämlich scherzhaft das pompöse Kanzleramtsgebäude. Man hört den Ausdruck aber immer nur in Sätzen wie: »Die Berliner sagen dazu mit ihrem typischen Humor Elefantenwaschanlage.« Aber hat jemals jemand einen Einheimischen das sagen gehört? (»Heute hab ick noch'n Tammihn inner Elefantnwaschanlaje«?)

Ich möchte dafür plädieren, dass dem Wolpertinger sein würdiger Platz in den Geschichtsbüchern und Museen gestattet wird und wir uns mal was Neues für die Zugereisten ausdenken: besondere oberbayerische Sternbilder, die nur bei Föhnlage erkennbar seien, sensationelle neue Kulinaristen-Pilgerstätten, die sich als Wurststand erweisen, absurde Vespertraditionen (»Gell, Sie wissn scho, dass auf an guadn Leberkäs koa Sembfd g'hert, sondern a gscheide Pris Schmoizler?!«). Na gut, wenn Sie das sprachlich verstehen können, sind Sie wahrscheinlich auch schon so weit, es als Falle zu erkennen. Aber seien Sie auch kein Spielverderber! Lassen Sie den Hiesigen die Freude, in Ihnen den Menschen, der ans Gute im anderen glaubt, zu erkennen.

Fettnäpfchen

Ein guter Rat zum Schluss

Nun habe ich versucht, Ihnen mit einigen Informationen und Verhaltenstipps sowie Mutmaßungen über Oberbayern und seine Menschen das Ankommen zu erleichtern. Selbst wenn die wahre Assimilation noch lange nicht in Sicht sein sollte, lassen Sie den Kopf nicht hängen – 's wead scho wean! Sprechen's hoid »Eana rechts Hochteitsch«! Unterdrücken Sie dabei nur bitte manche Wörter! »Tschüss« lässt sich im Ansatz noch zu »ciao« retten. Vor einem Wort sei abschließend noch mal besonders nachdrücklich gewarnt: lecker. Damit hat man sich sofort offenbart und sowohl als kultureller wie auch als kulinarischer Dilettant disqualifiziert. »Hat's g'schmeckt?« – »Ja, gut (guad) war's!«

Auf Ihr Wohl!

Herzschonendes Einleben Das wichtigste Fettnäpfchen, das wir Preißn und aus ähnlich absurden Gegenden Zugereiste vermeiden sollten, ist aber Hektik. Also Ruhe bewahren und dableiben! Hier wechselt man auch nicht wie in Spanien beim Tapasbummel abends fünfmal die Bar. Wen's pressiert, dem hilft man im Zweifelsfall erst recht nicht. Kommen Sie also gut an! Und lassen Sie sich Zeit dabei! Geben Sie Oberbayern und seinen Menschen Gelegenheit, sich an Sie zu gewöhnen. Denn das Assimilieren ist eine gegenseitige Geschichte. Und irgendwann, spätestens wenn man Sie mit dem alles übertrumpfenden Adelstitel »Herr/Frau Nachbar« anspricht, stellt man fest: Man ist sich nicht mehr fremd. Des daad i Eana scho wünschn. Einstweilen verabschiede ich mich mit einem herzlichen *Basst scho.*

Dank

Mein herzlichster Dank geht an Jule und Normen sowie an meine lieben Mit-Zuagroasdn mit den ganz unbairischen Namen Birte, Sven und Antje, denen ich die schönsten Bilder in diesem Buch zu verdanken habe, zudem der Wally und dem Hias, den ersten Oberbayern in meinem Leben, und schließlich Erika Wonneberger und Christa Sommer, ohne die ich zwischenzeitlich vielleicht zum Davogroasdn geworden wäre. Abschließend danke ich dem Bezirk Oberbayern und den Staatlichen Antikensammlungen München für die freundliche Abdruckgenehmigung.

Auf geht's. Wagen Sie den Absprung!

Bildnachweis

Alle Bilder im Innenteil stammen vom Autor mit folgenden Ausnahmen: 5, 6: Sven Körber; 9: Antje Sester; 11, 13: Sven Körber; 15: Reiseuhu/unsplash.com; 17: Julia Berger; 19 unten: Nemo1963/Shutterstock.com; 22 oben: Wolfgang Englmaier, Bezirk Oberbayern; 22 unten: Master1305/Shutterstock.com; 23: Bezirk Oberbayern; 25 oben: Birte Körber; 25 unten: Gmund Papierfabrik; 26: Sven Körber; 27: Markus Spiske/unsplash.com; 29: inkwelldodo/Shutterstock.com; 36: Sven Körber; 38: tabak lejla/Shutterstock.com; 41: Sven Körber; 44 oben und unten: Master1305/Shutterstock.com; 45: Bildagentur Zoonar GmbH/Shutterstock.com; 47: grafvision/Shutterstock.com; 48: Antje Sester; 50: Zyankarlo/Shutterstock.com; 52: pixel Creator/Shutterstock.com; 53: Sven Körber; 54: Wiki Commons_Urheber Willtron mit Bearbeitung von NordNord-West_CC by sa 3.0; 55: Kozlik/Shutterstock.com; 59: Dietmar Hannebohn/unsplash.com; 60, 62: Antje Sester; 64 oben: Juergensmeier/Shutterstock.com; 64 unten: Sven Körber; 70 unten: Viktoria M. @vkm_design/unsplash.com; 71: Birte Körber; 72: Christian Erfurt; 73: Birte Körber; 75, 76 oben: Sven Körber; 76 unten: Birte Körber; 79 oben und unten: Antje Sester; 80: Luis Fernando Felipe Alves/unsplash.com; 81 unten: Sven Körber; 83: FooTToo/Shutterstock.com; 86, 88, 89: Sven Körber; 91 oben: Ralf_Siemieniec/Shutterstock.com; 91 unten: Mikadun/Shutterstock.com; 92: Luis Fernando Felipe Alves; 93 oben: Birte Körber; 94, 95, 96: FooTToo/Shutterstock.com; 97: Wiki Commons: Stefan Oernisch; 98: Wiki Commons: Heinrich Stürzl; 99: footageclips/Shutterstock.com; 100: fewerton/Shutterstock.com; 101: Michael von Aichberger/Shutterstock.com; 102: Markus Spiske; 103: FooTToo/Shutterstock.com; 106: Alexander_Rochau/Shutterstock.com; 107: michelangeloop/Shutterstock.com; 108: Antje Sester; 109: Birte Körber; 112: Victoria_P./Shutterstock.com; 114: sasimoto/Shutterstock.com; 115: Bernd_Juergens/Shutterstock.com; 116: Antje Sester; 121: EWY_Media/Shutterstock.com; 122: Fábio Alves; 123: AeroPictures/Shutterstock.com; 124: Sven Mieke; 125: Birte Körber; 127: Daniel Schludi/unsplash.com; 129, 130: FooTToo/Shutterstock.com; 131: kitty/Shutterstock.com; 132: Bernd_Zillich/Shutterstock.com; 133: Clay Banks/unsplash.com; 134 oben und unten: Sven Körber; 137: Igor Plotnikov/Shutterstock.com; 139: Khyati Trehan/unsplash.com; 140: Birte Körber; 143: footageclips/Shutterstock.com; 144: Jesus Fernandez/Shutterstock.com; 145: Catalin Rusnac/Shutterstock.com; 146: RStollner/Shutterstock.com; 147: Sven Körber; 148: FooTToo/Shutterstock.com; 149: manfredxy/Shutterstock.com; 150: FooTToo/Shutterstock.com; 151: Jesus Fernandez/Shutterstock.com; 152: gemeinfrei; 153: Wiki-Commons; 154: manfredxy/Shutterstock.com; 155: Birte Körber; 156: Stefan Brending/Wiki-Commons; 157: Markus Wissmann/Shutterstock.com; 158: imageBROKER.com/Shutterstock.com; 161: zoff/Shutterstock.com; 163: footageclips/Shutterstock.com; 164: steba/Shutterstock.com; 165: gusenych/Shutterstock.com; 167: Altrendo Images/Shutterstock.com; 168: Dorde/Shutterstock.com; 169 oben und unten: Hein Nouwens/Shutterstock.com; 170: footageclips/Shutterstock.com; 172: RStollner/Shutterstock.com; 173: Chamios_huntress/Shutterstock.com; 175: FooTToo/Shutterstock.com; 176, 177: wernerimages/Shutterstock.com; 179: pathdoc/Shutterstock.com; 181: Sven Körber; 183: public domain; 185: Antje Sester; 187 oben: Luis Fernando Felipe Alves; 189: Antje Sester; 190: Sven Körber.

Impressum

Verantwortlich: Sabine Klingan
Redaktion: Birgit Günther
Layout: BUCHFLINK Rüdiger Wagner
Korrektorat: Anke Höhne
Umschlaggestaltung: Ralph Hellberg
Repro: Cromika
Herstellung: Barbara Uhlig
Printed in Slovenia by Florjancic

★★★★★

Sind Sie mit diesem Titel zufrieden? Dann würden wir uns über Ihre Weiterempfehlung freuen. Erzählen Sie es im Freundeskreis, berichten Sie Ihrem Buchhändler oder bewerten Sie bei Ihrem nächsten Onlinekauf. Und wenn Sie Kritik, Korrekturen oder Aktualisierungen haben, freuen wir uns über Ihre Nachricht an J.Berg Verlag, Postfach 40 02 09, D-80702 München oder per E-Mail an lektorat@verlagshaus.de.

Unser komplettes Programm finden Sie unter  www.christian-verlag.de

In diesem Buch wird aus Gründen der besseren Lesbarkeit das generische Maskulinum verwendet. Weibliche und anderweitige Geschlechteridentitäten werden dabei ausdrücklich mitgemeint, soweit es für die Aussage erforderlich ist.

Empfehlung der Redaktion
Sie sind auf der Suche nach weiterführender Literatur? Dann empfehlen wir Ihnen den Titel »Cafés und Ateliers im Fünfseenland« von Angelika Dietrich und Angelika Roeder.

Bildnachweis:
Umschlagvorderseite: HelgaMariah/shutterstock.com; Umschlagrückseite: Anastasia Petrova/shutterstock.com
Umschlaginnenseite, vorne: Alpenpanorama bei Fönlage, im Vordergrund die Frauenkirche: yotily/shutterstock.com; Umschlaginnenseite, hinten: Biergarten am Chinesischen Turm, München: Pani Garmyder/shutterstock.com; Autorenfoto: Antje Sester

Die Deutsche Nationalbibliothek verzeichnet diese Publikation in der Deutschen Nationalbibliografie; detaillierte bibliografische Daten sind im Internet über http://dnb.d-nb.de abrufbar.

ISBN 978-3-86246-668-9